语文教学的反思与建构

李长青◎著

时代文艺出版社
SHIDAI WENYI CHUBANSHE

图书在版编目（CIP）数据

语文教学的反思与建构 / 李长青著. -- 长春：时
代文艺出版社, 2023.11
　ISBN 978-7-5387-7277-7

Ⅰ.①语… Ⅱ.①李… Ⅲ.①中学语文课－教学研究
Ⅳ.①G633.302

中国国家版本馆CIP数据核字(2023)第228372号

语文教学的反思与建构
YUWEN JIAOXUE DE FANSI YU JIANGOU
李长青　著

出 品 人：吴　刚
责任编辑：焦　瑛
装帧设计：文　树
排版制作：隋淑凤

出版发行：时代文艺出版社
地　　址：长春市福祉大路5788号　龙腾国际大厦A座15层 （130118）
电　　话：0431-81629751（总编办）　　0431-81629758（发行部）
官方微博：weibo.com/tlapress
开　　本：710mm×1000mm　1/16
字　　数：245千字
印　　张：14.25
印　　刷：廊坊市广阳区九洲印刷厂
版　　次：2023年11月第1版
印　　次：2023年11月第1次印刷
定　　价：76.00元

图书如有印装错误　请寄回印厂调换

前　言

　　语文教学的主要目的是培养学生的语文能力，学生的语文能力是以语文知识为基础，由听、说、读、写四种能力和思维的深刻性、灵活性、独创性构成的一个开放的动态系统。语文思维教学促进学生智力的发展，从而有效地提高语文能力。所谓教学反思，即"教学主体借助行动研究，不断地探究与解决自身和教学目的以及教学工具等方面的问题，将'学会教学'与'学会学习'结合起来，努力提升教学实践的合理性，使自己成为学者型教师的过程"。语文教学反思的意义，不仅在于促进教师成长，它还是促进学生学习与发展的重要保障，是语文课程与教学改革创新的必要条件。语文教学反思的内容，既有着眼于语文教学过程的目标反思、内容反思、方法反思和评价反思，也有侧重于某个时段或方面的课前反思、课中反思、课后反思或成就反思、问题反思；既有观点理念层面的反思，也有实践操作层面的反思。

　　本书以语文教学的反思与建构两个方面为核心，先是介绍了语文教学理论基础、语文课堂教学优化体系构建、语文教学方法理论与变革以及语文思维教学与训练，接着重点分析了语文教学反思理论以及语文教学反思的重要策略，最终在语文课堂学习共同体建构、语文教材的文化建构等方面做出重要的探讨。

    本书在撰写过程中，突出了素质教育的要求，强调了培养创新精神和思维能力，体现了课程改革的新思想、新观念。由于编写时间仓促，不足之处在所难免，欢迎广大师生在使用过程中对书中的错漏之处不吝指正，更希望提出建设性意见，以帮助我们再版时修改，使本书更为完善。

目　录

第一章　语文教学理论基础

第一节　建构主义理论

一、建构主义理论概述

建构主义也称作结构主义，是认知心理学派中的一个分支，其代表人物是皮亚杰、科恩伯格、斯滕伯格、卡茨和维果斯基。皮亚杰是认知发展领域最有影响的一位心理学家，他所创立的关于儿童认知发展的学派被人们称为日内瓦学派。皮亚杰关于建构主义的基本观点是，儿童是在与周围环境相互作用的过程中，逐步建构起关于外部世界的知识，从而使自身认知结构得到发展的。儿童与环境的相互作用涉及两个基本过程："同化"与"顺应"。同化是指个体把外界刺激所提供的信息整合到自己原有认知结构内的过程；顺应是指个体的认知结构因外部刺激的影响而发生改变的过程。同化是认知结构数量的扩充，而顺应则是认知结构性质的改变。认知个体通过同化与顺应这两种形式来达到与周围环境的平衡；当儿童能用现有图式去同化新信息时，他处于一种平衡的认知状态；而当现有图式不能同化新信息时，平衡即被破坏，而修改或创造新图式（顺应）的过程就是寻找新的平衡的过程。儿童的认知结构就是通过同化与顺应过程逐步建构起来，并在"平衡—不平衡—新的平衡"的循环中不断地丰富、提高和发展。

建构主义理论一个重要概念是图式，图式是指个体对世界的知觉理解和思考的方式，也可以把它看作心理活动的框架或组织结构。图式是认知结构的起点和核心，或者说是人类认识事物的基础。因此，图式的形成和变化是认知发展的实质，认知发展受三个过程的影响：同化、顺应和平衡。建构主义学习理论是 20 世纪 80 年代末、90 年代初以来兴起的一种学习观，其建构的观念可追溯到皮亚杰和布鲁纳早期的思想中。20 世纪 70 年代末，布鲁纳等人将苏联教育心理学家维果斯基的思想介绍到美国，受其影响，建构主义思想得到了进一步发展。

建构主义者认为，世界是客观存在的，但是每个人对于世界的理解以及赋予意义却是不同的。人们以自己的经验来理解世界。由于人们的经验各不相同，对世界的解释也就大不相同。古宁汉认为，"学习是建构内在的心理表征的过程，学习者并不是把知识从外界搬到记忆中，而是以已有的经验为基础，通过与外界的相互作用来建构新的理解"。建构主义认为，知识不是通过教师传授得到的，而是学习者在一定的社会文化背景（一定的情境）下，借助其他人（教师和学习伙伴）的帮助，利用必要的学习资源，通过意义建构方式获得的。它强调学生在学习过程中处于核心地位，教师应当充分利用丰富的教学资源和灵活多样的教学手段，帮助学生建构知识，促使学生由"要我学"向"我要学"转变。建构主义理论的内容很丰富，但其核心内容可以概括为：以学生为中心，强调学生对知识的主动探索、主动发现和对所学知识意义的主动建构。

建构主义教育理论认为：知识是相对和不断变化的，不能通过直接传授的方法教授给学生，而必须依靠学生积极主动地建构，即学习者在一定的情境和社会背景下，借助其他人的帮助，充分利用各种学习资源，通过意义建构而获得。由于知识是在一定的情境下借助他人的帮助而实现的意义建构过程，因而"情境创设""协作学习""会话交流"和"意义建构"是学习环境中的四大要素。其中"情境"是指学习者学习活动的社会文化背景，它有利于学习者对所学内容的意义建构。因此，教学设计不仅要考虑教学目标分析，还要考虑有利于学生建构意义的情境创设问题，并把情境创设看作是教学设计的重要内容之一。"协作"是指学习者在学习过程中教师和学生的相互作用，协作发生在学习过程的始终。"会话"是协作过程中不可缺少的环节，是建构的重要手段之一，学习小组成员之间必须通过会话商议如何完成规定的学习任务计划。"意义构建"是整个学习过程的最终目标，其建构的意义是指事物的性质、规律以及事物之间的内在联系。在学习过程中帮助学生建构意义就是要帮助学生对当前学习内容所反映的事物的性质、规律以及该事物与其他事物之间的内在联系达到较深刻的理解。这种理解在大脑中长期存在的形式就是图式，也就是关于当前所学内容的认知结构。同时，对于许多学科，特别是人文学科来说，应该鼓励学习者建构出他自己独特的意义，形成他自己独特的认知结构。

建构主义提倡在教师指导下的以学习者为中心的学习，也就是说既强调学习者的认知主体作用，也不忽视教师的指导作用。教师是意义建构的帮助者、促进者，而不是知识的传授者与灌输者，学生是信息加工的主体，是意义的主动建构者，而不是外部刺激的被动接受者和被灌输的对象。信息网络的基本特征和它映射于语文教学所体现出来的特征，契合于建构主义的基本理论需求。网络信息的丰富多彩给探究问题达到深层理解提供了材料上的保证，网络的空间特征满足了语文教学创设学习情境并对之实施及时动态的有效控制的空间要求。网络传播的解构功能不仅可以增强学习者的兴趣和挑战心理，而且它也可以促成学习者对周围瞬息万变的真实信息世界进行理解性重构。建构主义理论是网络环境下实施语文教学的重要理论基础。

二、建构主义的教学思想

(一) 建构主义的知识观

第一，知识不是对现实的纯粹客观的反映，任何一种传载知识的符号系统也不是绝对真实的表征。它只不过是人们对客观世界的一种解释、假设或假说，它不是问题的最终答案，它必将随着人们认识程度的深入而不断地变革、升华和改写，随之出现新的解释和假设。

第二，知识并不能绝对准确无误地概括世界的法则，提供对任何活动或问题解决都实用的方法。在具体的问题解决中，首先，知识是不可能一用就准、一用就灵的，而是需要针对具体问题的情景对原有知识进行再加工和再创造；其次，知识不可能以实体的形式存在于个体之外，尽管通过语言赋予了知识一定的外在形式，并且获得了较为普遍的认同，但这并不意味着学习者对这种知识有同样的理解。真正的理解只能是由学习者自身基于自己的经验背景而建构起来的，取决于特定情况下的学习活动过程。

（二）建构主义的学习观

第一，学习不是由教师把知识简单地传递给学生，而是由学生自己建构知识的过程。学生不是简单被动地接收信息，而是主动地建构知识的意义，这种建构是无法由他人来代替的。

第二，学习不是被动接收信息刺激，而是主动地建构意义，是根据自己的经验背景，对外部信息进行主动地选择、加工和处理，从而获得自己的意义。外部信息本身没有什么意义，意义是学习者通过新旧知识经验间的反复的、双向的相互作用过程而建构成的。因此，学习，不是像行为主义所描述的"刺激反应"那样简单。

第三，学习意义的获得，是每个学习者以自己原有的知识经验为基础，对新信息重新认识和编码，建构自己的理解的过程。在这一过程中，学习者原有的知识经验因为新知识经验的进入而发生调整和改变。

第四，同化和顺应是学习者认知结构发生变化的两种途径或方式。同化是认知结构的量变，顺应则是认知结构的质变。同化—顺应—同化—顺应……循环往复，平衡—不平衡—平衡—不平衡……相互交替，人的认知水平的发展，就是这样的一个过程。学习不是简单的信息积累，更重要的是包含新旧知识经验的冲突，以及由此而引发的认知结构的重组。学习过程不是简单的信息输入、存储和提取，而是新旧知识经验之间的双向的相互作用过程，也就是学习者与学习环境之间互动的过程。

（三）建构主义的学生观

第一，建构主义强调，学习者并不是空着脑袋进入学习情景中的。在日常生活和以往各种形式的学习中，学习者已经形成了有关的知识经验，他们对任何事情都有自己的看法。即使是有些问题他们从来没有接触过，没有现成的经验可以借鉴，但是当问题出现时，他们还是会基于以往的经验，依靠他们的认知能力，形成对问题的解释，提出他们的假设。

第二，教学不能无视学习者的已有知识经验，简单强硬地从外部对学习者实施知识输入，而是应当把学习者原有的知识经验作为新知识的生长点，引导学习者从原有的知识经验中，形成新的知识经验。教学不是知识的传递，而是知识的处理和转换。教师不单是知识的呈现者，不是知识权威的象征，而应该重视学生自己对各种现象的理解，倾听他们时下的看法，思考他们这些想法的由来，并以此为据，引导学生丰富或调整自己的解释。

第三，教师与学生、学生与学生之间需要共同针对某些问题进行探索，并在探索的过程中相互交流和质疑，了解彼此的想法。由于经验背景的差异，学习者对问题的看法和理解经常是千差万别的。其实，在学生的共同体中，这些差异本身就是一种宝贵的现象资源。建构主义虽然非常重视个体的自我发展，但是也不否认外部引导，即教师的影响作用。

第二节　系统科学理论

系统科学理论是研究一切系统的模式、原理和规律的科学。它是在系统论、控制论、信息论（简称"旧三论"）的基础上发展起来的，并逐渐出现了耗散结构论、协同论、突变论（简称"新三论"）。系统科学理论既是现代自然科学、社会科学、思维科学发展和综合的结果，又是现代科学研究的一般方法论。系统科学理论对现代科学的跨越式发展起到了极大的推动作用，对其他学科具有方法论的指导作用，对教育科学这一涉及诸多学习变量和教学变量的复杂系统更是具有积极的启发意义。系统科学对教学技能的学习与训练也具有积极的指导作用。

一、系统论、控制论、信息论概述

（一）系统论、控制论、信息论

1. 系统论

系统论的主要创立者是美籍奥地利生物学家贝塔朗菲。他在 20 世纪 40 年代末发表的《一般系统论》一书中提出了"一般系统论"的观点，奠定了系统论的基础。该理论把自然界、人类社会及人类思维都看作具有不同特点的系统。系统是由两个以上相互作用和相互联系的要素结合而成的，是具有特定的整体结构和适应环境的特定功能的有机整体。系统各部分之间的相互作用越协调，系统结构就越合理，系统在整体上就越能达到较高水平，从而实现整体的功能大于各部分功能之和。宇宙中的任何事物都是以系统形式存在、发展着的，教学技能也同样是以系统的形式存在和发展着的。如果用具有普遍指导意义的系统思想和方法指导教学技能的训练和应用，必将使教学技能的获得更有效，且更易实现教学技能到教学技巧、教学技艺乃至教学艺术的转变。

2. 控制论

控制论的主要创立者是美国学者、数学家维纳。他于 20 世纪 40 年代末发表了《控制论》一书，阐明在生物科学和物理科学中，控制和通讯有着共同的规律。我国在《系统科学与教育》一书中为控制论下了这样一个简要的定义：控制论是关于生物系统和机械系统中控制和通讯的科学。系统的输出变为系统的输入就是反馈；通过反馈实现有目的的活动就是控制。一个系统既有控制部分将控制信息输入到受控部分，也有受控部分把反馈信息回送到控制部分，从而形成一个闭合回路，来实现系统的有效控制，由控制论产生了反馈控制法。这种方法认为：任何一个系统因内部变化、外部干扰，会产生不稳定，为保持系统稳定或按照一定路径达到预定目标，就必须进行控制。学习可以看成是一个信息加工的过程，若这一过程中的各个环节能够得到有效的控制，使得教与学之间的信息转换与反馈正常进行，就会使教学的效率和质量得到极大的提高。因此，控制论中的相关理论与方法必然会对如何有效控制教学过程，实现教学优化提供科学依据与指导。

3. 信息论

信息论是研究各种系统中信息的计量、传递、变换、贮存和使用规律的科学。其原始意义主要是一门通讯理论，即希望通过对各种通信系统中信息传输的普遍规律的研究，提高通讯系统的有效性和可靠性。当它应用于教育系统，则可以理解为对教育系统中教学信息输入输出的一般规律的研究，即通过分析、处理教学信息，研究教学系统的信息传播特点与规律等，从而达到提高教育教学系统中教学有效性的目的。

(二) 系统科学的基本原理

系统论、控制论、信息论这三论，既相互区别，又相互渗透、相互联系，统称为"旧三论"。从中提炼出来的系统科学的基本原理对教学技能的训练和应用有着方法性的指导作用。

1. 整体原理

任何系统只有通过相互联系形成整体结构才能发挥整体功能，系统中各要素是相互作用、相互依存的，没有整体联系、整体结构，要使系统发挥整体功能是不可能的。在教学技能的训练和应用中，应把教学技能看作一个系统，从宏观上把握，从整体上分析，综合考虑课堂教学过程中的各个要素和环节，使教学技能的整体功能得以有效发挥。

任何系统只有开放、有涨落、远离平衡态，才可能形成新的稳定的有序结构，以使系统与环境相适应。在教学技能的训练和应用中，要处理好各种教学技能之间以及教学技能与外部教学环境之间的关系，使它们之间形成平衡的有序的状态。教学系统要在社会环境中存在和发展，要与外界有信息、物质等的交换，就必然要求它是一个开放的系统，要不断地吸收各学科的新信息，引进先进的技术，使之从无序走向有序，使教学技能适应不断变化的教学环境。

2. 反馈原理

任何系统只有通过反馈信息才可能实现有效的控制。一个控制系统，既有输入信息，又有输出信息，系统的控制部分根据输出信息（反馈信息），比较、纠正和调整它发出的输入信息（控制信息），从而实现控制。在教学技能的训练和应用中，要随时根据反馈信息来了解教学情况，对教学过程进行协调控制以实现教学系统的功能。

二、耗散结构论、协同论、突变论概述

（一）耗散结构论、协同论、突变论

1. 耗散结构论

20世纪60年代末，比利时物理学家普利高津提出了"耗散结构"学说，它回答了开放系统如何从无序走向有序的问题。耗散结构理论认为，有序来自非平衡态，非平衡是有序源。在一定条件下，当系统处于非平衡态时，它能够产生、维持有序性的自组织，不断和外界交换物质和能量，系统本身尽管在产生熵，但又同时向环境输出熵，输出大于产生，系统保留的熵在减少，所以走向有序。"耗散"的含义在于这种结构的产生不是由于守恒的分子力，而是由于能量的耗散，系统只有耗散能量才能保持结构稳定。耗散结构理论能够解决很多系统的有序演化问题，包括教育系统，它不仅对自组织产生的条件、环境做出了重要的判断，而且对于把被组织的事物或过程转变为自组织的事物或过程具有启发的、可操作的意义。

2. 协同论

德国的学者哈肯于20世纪70年代中期提出了"协同论"。协同论研究

各种不同的系统从混沌无序状态向稳定有序结构转化的机理和条件。哈肯指出："从混沌状态而自发形成的有组织的结构，乃是科学家们所面临的最吸引人的现象和最富于挑战性的问题之一。"协同论最根本的思想和方法是系统自主地、自发地通过子系统的相互作用而产生的系统规则。竞争与合作的方法是它的重要研究内容，协同论最基本的概念也是竞争与协作。复杂性的模式实际上是通过底层（或低层次）子系统的相互作用产生的。正如在大脑中寻找精神一样，在低层次中寻找复杂性的模式是徒劳的，但我们可以从相互作用的方式和结构，以及这种作用的运动演化过程中寻求到上一层次模式的呈现和轮廓。

3. 突变论

法国数学家托姆在 20 世纪 60 年代提出了一种拓扑数学理论，该理论为现实世界的形态发生突变现象提供了可以利用的数学框架和工具。突变论在研究复杂性问题和过程时具有特殊的方法论意义。人们常把缓慢变化称为渐变，把瞬间完成的明显急促的变化称为突变，但是突变与渐变的这种经验性认识既不准确也不科学。它们的本质区别不是变化率大小，而是变化率在变化点附近有无"不连续"性质出现，突变是原来变化的间断，渐变是原来变化的延续。所以，突变属于间断性范畴，渐变属于连续性范畴。突变论的模型为思考人类思维过程和认识机制提供了新的思路。根据突变论的观点，我们的精神生活只不过是各个动力场之间的一系列突变，这种动力场是由我们的神经细胞的稳定活动构成的。

认识形态并不具有随意性，而是由其内部和外部条件预先决定的，托姆指出：我们思想的内在运动与作用于外部世界的运动，两者在根本上并没有什么不同。外部的模型变化可通过耦合的办法在我们的思想深处建立起来，这也正是认识的过程。

（二）自组织原理

耗散结构论、协同论、突变论作为系统科学的"新三论"，又称自组织理论，它深入研究了系统如何产生、如何利用信息交流将不同的部分组织起来从而形成整体以及系统如何演化等问题。

自组织是指在一定的外界条件下，通过系统内部的非线性相互作用，经过突变而形成一种新的稳定有序的结构状态，也就是系统"自发地"组织起来，形成和完善自身的结构。这也就是说，系统形成的各种稳定有序的结构是系统内部各因素彼此的相干性、协同性或某种特性相互作用的结果，不是外界环境直接强加给系统的。只要是通过内部因素的相互作用而组织成的有序结构都是自组织。

在教育教学中，教师要用"自组织"的观点看待教学和学习过程，看待学生。要把学生看作一个自组织的系统，学生的学习不是通过教师的强制教学实现的，而是要对其知识结构、能力构成和内部学习机制等进行整体的分析，有针对性地创造条件和教学情境，引发学生主动认知才能实现。由此，教师要充分认识到学生是学习的主体，真正实现教学的指导者和组织者的角色转变。

三、系统方法

（一）系统方法概述

系统方法是在运用系统科学的观点和方法来研究、处理各种复杂的系统问题时产生的。系统方法是按照事物本身的系统性把对象以系统的形式加以考察的方法，它侧重于系统的整体性分析，从组成系统的各要素之间的关系和相互作用中去发现系统的规律性，从而指明解决复杂系统问题的一般步骤、程序和方法。

（二）系统方法的作用

系统方法是认识、调控、改造、创造复杂系统的有效手段。世界上的事物和过程是复杂的，是由多种因素或子系统的复杂的相互作用所构成的，理解和解决系统问题需要系统的分析和整体的思考。系统科学方法为解决系统问题提供了方法论的指导。

系统方法为人们提供了制定系统最佳方案以及实行最优组合和最优化管理的手段。系统方法是指通过研究系统的要素、结构以及与环境的关系，经过科学的计算、预测，设计实现系统目标的多种方案，从中选择最佳的设计和实施方案并实行最佳控制和进行最优管理，以达到最佳功能目标。在人类认识世界和改造世界的过程中，系统方法在制定最佳方案、优化组合与管理等方面，都是解决问题的最佳手段。

系统科学方法为人们提供了新的思维模式。它突破了传统的只侧重分析的机械方法的栅栏，指导人们从总体上进行思考，探索科学技术发展的新思路，促进自然科学与社会科学的统一，促进科学家与哲学家的联盟，帮助人们打破两种科学、两种文化的界限，建立统一的世界图景和文化图景，建立起系统的自然观、科学观、方法论和系统的人类社会图景。

在教育领域中运用系统科学理论的思想、观点和方法，对教育系统的构成要素、组织结构、信息传递和反馈控制等进行分析、设计和评价等研究，可以促进教育系统的最优化。将系统方法应用于教学技能的学习，将有助于对教学技能的整体性理解和训练，对教学技能的获得与发展具有方法论的指导作用。

第三节　多元智力理论

多元智力理论是 20 世纪由美国哈佛大学心理学家霍华德·加德纳教授提出的，又叫"多元智能理论"。传统的智力理论认为人类的认知是一元的，个体的智能是单一的、可量化的，而美国教育家、心理学家霍华德·加德纳在 20 世纪 80 年代出版的《智力的结构》一书中提出"智力是在某种社会或文化环境的价值标准下，个体用以解决自己遇到的真正的难题或生产及创造出有效产品所需要的能力"。每个人都至少具备语言智力、数理逻辑智力、音乐智力、空间智力、身体智力、人际交往智力和自我认知智力，这一理论被称为多元智力理论。其基本性质是多元的——不是一种能力而是一组能力，其基本结构也是多元的——各种能力不是以整合的形式存在而是以相对独立的形式存在。而现代社会是需要各种人才的时代，这就要求教育必须促进每个人各种智力的全面发展，让个性得到充分的发展和完善。

一、多元智力理论的主要内容

（一）言语—语言智力

言语—语言智力是指对外语的听、说、读、写的能力，表现为个人能够顺利而高效地利用语言描述事件、表达思想并与人交流的能力。这种智力在记者、编辑、作家、演说家等人身上有比较突出的表现。

（二）音乐—节奏智力

音乐—节奏智力是指感受、辨别、记忆、改变和表达音乐的能力，具体表现为个人对音乐美感反映出的包含节奏、音准、音色和旋律在内的感知度，以及通过作曲、演奏和歌唱等表达音乐的能力。这种智力在作曲家、指挥家、歌唱家、演奏家、乐器制造者和乐器调音师身上有比较突出的表现。

（三）逻辑—数理智力

逻辑—数理智力是指运算和推理的能力，表现为对事物间各种关系如类比、对比、因果和逻辑等关系的敏感，以及通过数理运算和逻辑推理等进行思维的能力。它是一种对于理性逻辑思维较显著的智力体现，对数字、物理、几何、化学乃至各种理科高级知识有超乎常人的表现，是理性的思考习惯，一些数学家、物理科学家往往这个方面的智力点数都不低。这种智力在在侦探、律师、工程师、科学家和数学家身上有比较突出的表现。

（四）视觉—空间智力

视觉—空间智力是指感受、辨别、记忆、改变物体的空间关系并借此表达思想和情感的能力，表现为对线条、形状、结构、色彩和空间关系的敏感，以及通过平面图形和立体造型将它们表现出来的能力。同时对宇宙、时空、维度空间及方向等领域的掌握理解，是更高一层智力的体现，是有以相当的理性思维基础习惯为依托的前提的。这种智力在画家、雕刻家、建筑师、航海家、博物学家等人的身上有比较突出的表现。

（五）身体—动觉智力

身体—动觉智力是所有体育运动员、世界奥运冠军们必须具备的一项智力。运用四肢和躯干的能力，表现为能够较好地控制自己的身体，对事件能够做出恰当的身体反应，以及善于利用身体语言表达自己的思想和情感的能力。这种智力在运动员、舞蹈家、外科医生、赛车手和发明家身上有比较突出的表现。这种智力的特点表现在运动方面，它能有效地组织协调人的四肢，从而达到有效运动。

（六）自知—自省智力

自知—自省智力是指认识洞察和反省自身的能力，表现为能够正确地意识和评价自身的情感、动机、欲望、个性、意志，并在正确的自我意识和自我评价的基础上形成自尊、自律和自制的能力。正是因为真知的逐渐形成才会变得无畏，就好像小孩子都害怕去医院打针，而当渐渐长大后，就不会再为打针吃药而恐惧了。这种智力在哲学家、思想家、小说家等人身上有比较突出的表现。

（七）交流—人际交往

交流—人际交往是指与人相处和交往的能力，表现为觉察、体验他人情绪、情感和意图并据此做出适宜反应的能力，也是情商的最好展现。因为人和人的交流就是靠语言或眼神以及文字书写方式来实现。这种智力在教师、律师、推销员、公关人员、谈话节目主持人、管理者等人身上有比较突出的表现。

（八）自然观察智力

自然观察智力是指认识世界、适应世界的能力，是一种在自然世界里辨别差异的能力，如植物区系和动物区系、地质特征和气候。对我们自己身处的这个大自然环境的规律认知，如历史、人体构造、季节变化、方向的确立、磁极的存在、感知灵性空间的超自然科学能力，能适应不同环境的生存能力。

（九）存在智力

存在智力是指陈述、思考有关生与死和终极世界的倾向性，即人们的生存方式及其潜在的能力。如人为何要到地球上来，在人类出现之前，地球是怎样的，在另外的星球上生命是怎样的，以及动物之间是否能相互理解等。

每个人都在不同程度上拥有上述九种基本智力，智力之间的不同组合表现出个体间的智力差异。教育的起点不在于一个人有多么聪明，而在于怎样变得聪明，在哪些方面变得聪明。在加德纳教授看来这是以能否解决实际生活中的问题和创造出社会所需要的有效的产品的能力为核心的，也是以此作为衡量智力高低的标准的。因此，智力是个体解决实际问题的能力和生产出或创造出具有社会价值的有效的产品的能力。

二、多元智力理论的教育理念

多元智力理论对教育实践活动的影响是全方位的，涉及教育的学生观、教师观、教学观、目标观、评价观等教育理念。

（一）学生观

每个学生都是多种智力的组合，但由于不同环境和教育的影响与制约，在每个人身上智力以不同方式、不同程度组合，使每个人的智能各具特点，每个人都呈现出智力的强项和弱项。在一个充满教育性的环境下，智力是可以提升的，只要能得到适当的刺激，几乎所有的智力在任何年龄段都可以发展。

（二）教师观

教师必须全方位地了解每一个学生的背景、兴趣爱好、智力特点、学习强项等，从而确定最有利于学生学习的教学方法与策略。教师的教必须根据学生的学来确定是否有效。

（三）教学观

学生个体之间存在智力差异，要求教学上最大限度地以个别化方式来进行。在教育中考虑学生个人的强项，使用不同的教材或手段，使每一个学生都有学会教学内容的机会，让学生有机会将学到的内容向他人展示，使学生的全脑智能都得到最大限度的发展。认真地对待学生的个别差异正是多元智力理论的核心。

（四）目标观

多元智力理论的教学目标是开发学生的多元智力，为多元智力而教，并通过多元智力来教，使学生有机会更好地运用和发展自己的多种智力。

（五）评价观

多元智力理论认为评价要体现发展性。评价不以发现人的缺陷为导向，而是发展人的强项，并为其积极的变化提供基础，最终促进全面的发展。

网络环境下的语文教学依赖高效的教学平台与丰富的信息资源来开展教学活动，为学生提供了一种新的学习方式，学生的主体地位得到体现。网络教学尊重每一个个体，平等地对待每一个学生，促进每一个学生的全面发展和个性的充分展示。同时，丰富的学习资源和表现方式的多样化从客观上决定了网络教学属于一种个别化教学。多元智力理论的观点和网络环境下语文教学的特点非常吻合，是网络环境下实施语文教学的理论基础之一。

第四节　现代教学结构理论

现代教学结构理论，即结构主义教学理论，它是 20 世纪 50 年代末产生于美国的一种教学理论，该理论提出要让学生掌握学科的基本结构、提倡早期学习、倡导广泛应用发现法等。结构主义教学理论的代表人物是美国心理学家、教育家布鲁纳。

布鲁纳的结构主义教学理论的基本框架包括：①智力发展过程，儿童智力分为三个阶段。儿童智力的发展离不开语言和文化的相互作用，而对学习者有计划地提供语言体系、文化体系是教师的基本职责，学习者智力的发展是在教师与学习者的教育关系中实现的；②教材结构理论，主张编写出"既重视内容范围，又重视结构体系的教材"。重视内容指要求教材现代化，重视结构则是指要求教材包含学科基本概念、法则及联系，有助于学生"学习事物是怎样互相关联"的；③发现学习法，学习者自己去发现教材结构是最有效的学习方法。发现学习的特点是：学生积极探索解决问题的方略、学生活用并组织信息、学生灵活而执着追求问题解决；④内部动机是学习的真正动机，内部动机是在学习本身中发现学习的源泉和报偿。激发学生内部动机主要通过利用好奇、激发疑惑、提出具有几个解答不确凿的问题、设计困境、揭示矛盾等方法。结构主义教学理论的要点有以下方面。

一、要让学生掌握学科的基本结构

结论主义教学理论认为，任何一门学科都有一个基本结构，即具有其内在的规律性。它反映了事物间的联系，包含了"普遍而强有力的适应性"。不论教什么学科，都必须使学生理解学科的基本结构，而学科的基本结构即各门学科的基本概念、基本原理和规律。"基本"就是一个观念具有广泛的适用新情况的能力，它是进一步获得和增长新知识的"基础"；"结构"则是指学科的基本概念、基本原理以及他们之间的联系，是指知识的整体和事物的普遍联系即规律。另外布鲁纳指出，在教学中，不仅要让学生掌握一般的理论，而且要培养他们对学习的态度、对推测和预测的态度、对独立解决问题的态度。因此他强调要精心组织教材。布鲁纳指出："学习结构就是学习知识是怎样相互联系的。"他认为，学习的首要目的是为将来服务。学习为将来服务有两种方式：①特殊迁移；②原理和态度的迁移（这是教育过程的核心）。布鲁纳对于学习基本结构意义的理解：懂得基本原理可以使学科更容易理解；懂得基本原理有利于人类的记忆。

二、提倡早期学习（学习准备观念的转变）

布鲁纳在他的《教育过程》中学习准备部分的第一句话就是，任何学科都可以用某种理智的方法有效地教给处于任何发展阶段的任何学生。因此学习准备是很重要的。学习准备主要指学生的年龄特征和智力发展水平，是否已经达到能适应某些学科学习的程度。这样提的原因是根据他的儿童发展阶段论。他认为，在发展的各个阶段，儿童用他自己观察世界和解释世界的独特方式去表现那门学科的结构，能使学生掌握它；另外儿童的认识发展阶段固然和年龄有关，但也可以随文化和教育条件而加快、推迟或停滞。所以他主张，教学要向儿童提出具有挑战性的且适合的课题，以促进儿童认识的发展。他强调基础学科能提早学习，使学生尽早尽快地学习许多基础学科知识，是布鲁纳关于学校课程设计的指导思想。

三、布鲁纳论教学原理

布鲁纳认为，教学论是一种规范化的力量，它所关注的是怎样最好地学会人们想教的知识和促进学习，而不是描述学习。它有四个特点：①它应详细规定最有效地使人能牢固地树立学习的心理倾向的经验；②它应当详细规定将大量知识组织起来的方式，从而使学习者容易掌握；③它应规定呈现学习材料最有效的序列；④它必须规定教学过程中贯彻奖励和惩罚的性质和步调。据此他提出了四条教学原则：动机原则、结构原则、程序原则、反馈强化原则。

四、布鲁纳发现学习的理论

"发现学习"是布鲁纳在《教育过程》一书中提出来的。这种方法要求学生在教师的认真指导下，能像科学家发现真理那样，通过自己的探索和学习"发现"事物变化的因果关系及其内在联系，形成概念，获得原理。

发现学习以培养探究性思维为目标，以基本教材为内容，使学生通过再发现的步骤来进行学习。发现学习是以布鲁纳的认知心理学学习理论为基础的。他认为学习就是建立一种认知结构，相当于我们所说的主观世界，头脑中经验系统的构成。建立认知结构是一种能动的主观活动，具有主观能动性。所以布鲁纳格外重视主动学习，强调学生自己思索、探究和发现事物。发现学习的特点有三：再发现、有指导的发现和以培养探究性思维为目标。发现学习的优点有：基本智慧潜力、激发学习的内部动机、掌握探索的方法、有助于记忆的保持。

（一）重视学生认知结构的发展和学科的知识结构

布鲁纳把认知发展作为教学论问题讨论的基础。他指出："一个教学理论实际上就是关于怎样利用各种手段帮助人成长和发展的理论。"布鲁纳将其称为"成长科学"，即认知科学或智力发展科学。他认为教育"不仅要教育成绩优良的学生，而且要帮助每个学生获得最好的智力发展，教育的任务在于发展智力"。儿童的认知发展是由结构上迥异的三类表征系统（行为表征、图像表征、符号表征）及其相互作用构成的质的飞跃过程。布鲁纳认为，学习的实质在于主动地形成认知结构。认知结构是指由人过去对外界事物进行感知、概括的一般方式或经验所组成的观念结构。学习者不是被动地接受知识，而是主动地获取知识，并通过把新获得的知识和已有的认知结构联系起来，积极地建构其知识体系。他指出，"不论我们教什么学科，务必使学生理解该学科的基本结构"。布鲁纳认为，"基本概念和原理是学科结构最基本的要素""学习结构就是学习事物怎样相互联系的",因为这些基本结构反映了事物之间的联系,具有"普遍而有力的适用性"。

(二)提倡发现学习,注重直觉思维

在教学方法上,布鲁纳主张"发现法"。"发现法",对学生来说是一种学习方法,叫发现学习;对教师来说则是一种教学方法,叫发现教学。他认为"我们教一门科目,并不是希望学生成为该科目的一个小型图书馆,而是要他们参与获得知识的过程。学习是一种过程,而不是结果。""发现教学所包含的,与其说是引导学生去发现那里发生的事情的过程,不如说是他们发现他们自己头脑里的想法的过程"。

他主张让学生主动地去发现知识,而不是被动地接受知识。布鲁纳的"发现学习"和"发现教学"以培养创新精神和实践能力为主要目的,即构建旨在培养创新精神和实践能力的学习方式及其对应的教学方式。其基本程序一般为:创设发现问题的情境→建立解决问题的假说→对假说进行验证→做出符合科学的结论→转化为能力。布鲁纳认为"发现"依赖于直觉思维,他主张在教学中采取有效方法帮助学生形成直觉思维能力,并鼓励学生去猜想。

(三)提倡螺旋式课程

布鲁纳认为课程设计和教材的编写应查明基础学科基本知识的学习准备,根据学生当时认知发展水平予以剪裁、排列和具体化,使知识改造成为一种与儿童认知发展相切合的形式。他认为,课程或教材的编写应按照学科的基本结构来进行。由此,他提出了螺旋式课程编写方法。螺旋式课程就是以与儿童的思维方式相符合的形式尽可能早地将学科的基本结构置于课程的中心地位,随着年级的提升,使学科的基本结构不断地拓展和加深。这样,学科结构就会在课程中呈螺旋式上升的态势。

第二章 语文课堂教学优化体系构建

第一节 语文课堂优化的基本规律

一、课堂优化要注重过程学习

当代教学论认为，学习是一个过程，而不只是一个结果，教学要注重过程学习。这一教学思想表现在课堂上，则以学生为主体、教师为主导，充分发挥学生学习的主动性、灵活性和创造性，使他们积极参与探索知识的过程，能动地获取知识。这种过程不仅是获得正确的答案和结论，更重要的是提供给学生一种自我探索、自我思考、自我表现和自我创造的实际机会，使学生能进行学习的自我体验，心理得到最好的发展，从而增强自我力量的意识和创造精神，并学会学习和创造。这种教学同传统的传授式教学从根本上划清了界限。语文教学尤需注重过程，其理由如下。

（一）从语文课程设置的目标来看

语文教学是一个训练学生语文能力的过程。语文课程的基本目标是培养学生读、写、听、说的能力，而能力都是在应用知识的实践过程中逐渐形成的。只有将语文教学作为学生言语活动的实践练习的过程，才能有效实现语文教学的目标。只是机械地记住现成的结论，是与实现语文教学目标相悖的。

（二）从语文学习的心理来看

语文学习是学习主体复杂的智能操作过程。这主要是因为语言与思维关系密切，语言是思维的物质外壳，思维是语言的精神内核。学习语文，不管是理解语言还是运用语言，学习主体必须进行一系列复杂的形象思维和逻辑思维活动。这种活动是教师不能替代的。学生只有经历了主动、积极的思维过程，才能保证语文学习富有成效。

（三）从语文学习的特点来看

语文学习是学习主体凭借自己的生活经验和审美情趣参与言语认识的过程。理解语言和运用语言都要凭借自己的生活经验和审美情趣来进行。而学生的生活经验和审美情趣是千差万别的，各有千秋。如果教师只是要求学生按同一标准吸收，势必抑制学生的心理活动，扼杀学生语文学习的个性，失去教学应有的优化功能。只有让学生在学习过程中充分调动自己的个性心理去理解语言、运用语言，语文教学的优化才可能落实。

语文教学注重过程，就是要把学习知识的过程与探索过程结合起来，让学生自觉地发现、研究问题，在教师的启发下独立完成认识过程，获得科学认识问题的途径及方法。注重学习过程的关键在于坚持学生是学习和发展的主体，坚持教师主导作用与学生主体作用相结合，一切教学活动的组织都应该以有利于开展语文学习过程为出发点，帮助学生在生动活泼的学习过程中发展。在具体的教学中，应该让学生处于探索者的主体地位，有机会和条件去发现、分析和解决问题。

例如，有教师把阅读教学的过程分为三个阶段：①初读激疑、自我探究阶段：教师可根据学生实际和教材内容，引导学生围绕某些方面来思考和提出问题。②精读释疑、理解深究阶段：学生初读时提出的属本课学习重点的问题，可引导学生共同解决；学生没有提出的重点问题，教师则提出，然后引导学生带着问题去细读课文，深入探究解决。③熟悉总结、实践应用阶段：让学生在熟读课文过程中总结规律，并用以实践、探索。这三个阶段是在教师的引导下，让学生探索问题的完整过程。它既可让学生学好语文知识，深入理解课文，直接收到学习效果；又提供了机会和条件，让学生处于探索者的主体地位，在探索过程中获得发现、分析和解决问题的途径、方法，使心理得到发展。

二、发挥语文教材的范例功能

语文教材有诸多功能，如训练功能、审美功能、人文教育功能等。而语文教材最突出的特点是范例性。语文学科的教材与其他学科的教材不同，其他学科的教材的主体即课文，主要是阐述该学科的知识，由概念、定理、定律和例证等逻辑序列构成。

语文教材的主体部分是文章或文学作品等言语材料，这些言语材料是语文知识的综合运用形式，不直接阐述语文知识，只在印证语文知识，做学习语文知识和训练读、写、听、说能力的范例。语文教材的这种特点，决定了它的功能主要在范例作用上。这正如叶圣陶先生所说："语文教本只是些例子，从青年现在或将来需要读的同类的书中举出来的例子；其意思是说你如果能够了解语文教本里的这些篇章，这就大概能阅读同类的书，不至于摸不着头脑。所以语文教本不是终点。从语文教本入手，目的却在阅读种种的书。"语文教材的这种范例性表明，优化语文教学过程必须凭借教材充分发挥它的范例功能。发挥教材范例功能的关键是深挖课文的智能因素特别是创造性因素，并实现它的训练价值。语文教材的课文是作者经过一系列复杂的智能操作写成的，其中蕴含着极为丰富的智力因素和语文技能因素，课文所具有的范例功能，主要就是这些因素对学生学习语文和发展心理所产生的积极影响。优化语文教学就必须重视这些因素对培养学生语文能力、发展学生智力方面的教学价值，应将课文的这些因素充分发掘出来，以之作为学习语文的示范。

事实上，课文中蕴含的智能因素很多，隐藏着丰富的、极有教学价值的智能资源。就智力因素而言，有观察、思维、联想、想象、记忆等；就语文技能因素而言，有遣词用语、立意选材、谋篇布局、写作技法等。这些因素都可以用作训练示范，凭借它们培养学生的语文能力，发展学生的智力。课文的智能因素是作者写作时进行言语操作所反映的心理特征，这些特征存在于语言文字系统中，呈潜在状态。

语文教学要发挥课文智能因素的训练价值，必须引导学生深入地揣摩、领会课文的语言，让学生与作者角色换位，"经历"和还原作者构思行文的心理操作过程，从中得到领悟和启发，获得同化和发展。

现行全国通用语文教材中的课文都是优秀的文章或文学作品，它们是作者精心创造的结果，从谋篇布局到行文用语，处处都留有作者创造性智能运作的轨迹。语文教学尤其应该深入挖掘课文含有的创造性的智能因素，用以训练学生。事实上，只要循着作者智能操作的轨迹，就不难发现课文的创造性智能教育因素。

三、课堂优化促进积极的学习迁移

"为迁移而教"是时代对教学的要求。迁移是一种学习对另一种学习的影响，有积极和消极之分。积极迁移简称"迁移"，是学习主体在学习过程中通过积极思索，发现两种学习内容在知识、技能、方法等方面的联系，从而利用这些联系去发现、掌握新知识、新技能。一切有意义的学习必然包含着迁移。教学的目标不仅要传授知识，而且要在传授知识的同时，发展学生的智力，使他们具备自学的能力。可以说，学生学习迁移的效果是检验教学是否达到这种目标的最可靠的指标。

对语文教学来说，迁移学习训练是发展学生自学能力进而实现创造的必要途径，优化语文教学便应努力促进学生积极的学习迁移。按照认知心理学的观点，迁移是学生的习得经验和已有的认知结构以及心理品质同化、类化新知从而解决问题的过程，包含着许多可循的心理规律。要让学生实现有效的语文学习迁移，发展他们的自学能力和创造性解决问题的能力，教师应该帮助他们懂得迁移的规律，掌握语文迁移的途径。迁移的途径主要有以下几种。

（一）统摄

统摄是将几个已知概念或命题同化于一个概括层次更高的概念或命题的认知。这种迁移的关键是要通过比较，找出已知中的共同属性，统摄于具有概括属性的概念或命题中。例如，要求把《劝学》中的两组排比句"登高而招，臂非加长也，而见者远；顺风而呼，声非加疾也，而闻者彰。假舆马者，非利足也，而致千里；假舟楫者，非能水也，而绝江河"，抽象概括成一般的推理句，便需要比较四个特殊的事例，从中找出了"本身条件非异，凡善假物者，就能获得好效果"这一共同本质，就实现了认知同化。

（二）演化

演化是已知概念、命题对其特征或例证的概念、命题的同化。例如，让学生掌握倒叙、插叙的特征，要求他们辨析某篇课文的叙述方式，学生发现这篇课文在叙述方式上具有这种特征，便将已有的知识演化即可解决问题。演化迁移的关键是要辨识未知与已知的共同特征，并将已知在问题情境中具体化。

（三）归联

归联是具有高概括层次的概念或命题对下一层次的新概念、新命题的类化。例如，学生具备语境意义的有关知识，懂得语言具有"固定意义"和"临时意义"，语境意义属"临时意义"，由具体的言语环境补充决定，常常与语言的"固定意义"不尽相同。当学生理解某段话中语句的意思时，学生便会立刻把语句纳入这段话的语境来理解认识，从言语背景和语流方面来领悟语句的意思。归联迁移的关键是要准确掌握具有概括属性的有关知识，并在解决问题时，能迅速找到旧知与新知的本质联系，从而应用旧知分析、认识新知。

（四）类推

类推是指新旧概念或命题异形，但二者又有某些共同点或相似点的旧知对新知的同化。例如，"因为 A 所以 B"和"既然 A 就 B"这两种句式虽表现形式不同，但都有"因"和"果"的关系。只不过前者的"果"已属事实，后者的"果"是一种推测。学生如果已掌握了"因为 A 所以 B"的因果句式，要求辨析"既然 A 就 B"的句式时，就可由旧知类推本句的句式。类推迁移的关键是要善于将新知和旧知类比，发现其中的共同因素或相似因素，从而做出正确的推断。

因此，注重知识积累，特别是丰富具有基础性、概括性知识的积累，是实现积极迁移、有效学习的必要保证。迁移总是与知识的应用和问题的解决过程紧密地联系在一起的。因此，精心设计好练习是促进学生积极迁移学习的重要环节。一般来说，能促进迁移的语文练习有以下三类。

1. 独创性练习

独创性练习要打破学生的思维定式，不能受限于单一的"标准"的答案，而应促使他们进行独创性思维，产生新颖的属于自己发现的答案。独创性练习还有利于课堂教学，它能使学生深刻地领会作品主题、情节结构；帮助学生深刻地理解词语，提高运用词语的能力，有效地增进语文知识，能够使学生对作品所描绘的人和事获得丰富细致的感性认识，然后进一步上升到理性认识，锻炼想象能力和思维能力。

2. 发散性练习

发散性练习要具有开放性，让学生能多侧面、多层次、多方位地进行思考，寻求多种途径和方法解决问题，谋求多种结果。发散性练习的特点是：充分发挥人的想象力，突破原有的知识圈，通过知识、观念的重新组合，寻找更新更多的设想、答案或方法。发散性练习通常是不依常规，寻求变化，对给出的材料、信息从不同角度，向不同方向，用不同方法或途径进行分析和解决问题的，其中，一题多解的训练是培养学生发散思维的一个好方法。它可以通过纵横发散，使知识串联、综合沟通，达到举一反三的效果。

3. 评述性练习

评述性练习应让学生发挥自己的认识，从新的角度或以不同的方式来判断、评价和阐释一些观点。例如学生学习了《雷雨》，可让学生对剧中的人物及其对话艺术进行评论；学生在学《六国论》，可让他们对"六国破灭，弊在赂秦"的中心论点质疑，阐述自己的观点。

四、课堂优化激活无意识的心理活动

无意识又称"潜意识"，相对于显意识（一般称"意识"）而言，是人未意识到的心理的总和。这种心理是主体对客体不自觉的认识与内部体验的统一，包括无意感知、无意识记、无意再认、无意表象、非言语思维、无意识体验等。无意识心理活动的主要功能是对客体的一种不知不觉的认知和内部体验。

无意识心理倾向主要是大脑右半球的创造机能，感情和想象力是它的重要组成成分，与它紧密联系在一起的还有态度、动机、期待、兴趣、需要等因素。这些都是语文创造性学习不可缺少的心理因素。尤其要看到的是，无意识占整个意识的绝大部分。依据弗洛伊德的说法，人的意识仅仅是人的精神活动中位于表层的一个很小的部分，占 1/9；无意识才是处于人的心理深层的部分，这个部分很大，占 8/9。这好比漂浮在海中的冰山，显露于海面的 1/9 是意识，而隐没在水下的 8/9 是无意识。已有的研究证明，无意识是意识活动的基础，意识活动一般都是在与无意识的结合中进行的，而且只有使二者和谐一致，心理活动才能达到最佳效果。因此，要优化语文课堂教学，实现创造性的培养目标，应注重唤醒、激活学生的无意识，让无意识与意识协同一致地积极活动起来。

要想激活学生的无意识，需要应用暗示渗透的原理和方法，按照暗示渗透的教学原理，学习高效率不是强迫学习的结果，而是在轻松愉快的环境中自觉学习从而让无意识与意识高度配合的结果。具体来说，暗示渗透除了应用放松学习、想象练习等专门技巧外，更经常的是通过教师的态度和行为以及场景、氛围来感染学生。例如，教师微笑的面容，充满自信的神态，生动有趣的讲述，朋友般的鼓励，轻松愉快地探讨问题，辅之以无拘无束的学习场所，都可以给学生以暗示。在这种环境下，学生会感到：学习是愉快的事情，课程是很有趣的，学习是不困难的，从而乐于学习，有信心学好。这样，便可激活学生无意识配合意识进行学习活动。

五、课堂优化重视非逻辑思维的感受作用

非逻辑思维包括联想、想象、直觉、灵感等，它们在感受言语情境进而体会其情感方面发挥着独有的作用。语文学习离开了非逻辑思维的感受作用，必然浮于语言符号系统的表层意义上，或限于抽象空泛的认知上，无法进入高层次的语文学习水平，语文教学的优化必然落空。所以非逻辑思维对学生学习语文知识有很大的作用。

（一）重视非逻辑思维的感受作用

重视非逻辑思维的感受作用是语文教材的特点，也是对言语认识活动的要求。语文教材的课文本身是有情境的。一篇优秀的文章、文学作品总是在一定的情境中产生的，是作者所接触的实际生活的反映。正是客观的生活情境（包括社会环境、自然环境、具体的人事景物、生活场景、情感氛围以及种种问题情境）使作者的思想情感受到触动，才激起写作动机，见诸言辞，写成文章或文学作品。即使有的文体，如议论文没有直接描绘意境，但在逻辑推论中隐含了情感结构，仍然含有动心动情的形象。在语文教学中注重引导学生对课文情境的感受，才能让学生领悟作者的情思和追求，获得对课文深切的理解和体会。

（二）语文学习注重非逻辑思维的感受作用

语文学习注重非逻辑思维的感受作用合乎学生思维活动的认识规律。学生的抽象逻辑思维开始发展，但仍以感性表象为支点，这种逻辑思维属于直观形象的抽象。学生逐步发展思考活动也需要直观的形象思维和抽象逻辑思维二者双向进行、协调活动、相互融合。而感受情境要调动学生观

察表象，从感受形象开始，在此基础上引导学生应用抽象思维深入认识课文，这正与学生语文学习的思维活动是一致的。

（三）重视非逻辑思维的感受对青少年的心理发展有极重要的作用

有关研究表明：人的大脑功能，左右两半球既有分工又有合作。大脑的左半球掌握逻辑、理性和分析的思维，包括言语的活动；而大脑的右半球则负责直觉和形象思维，包括情感的活动，创造主要是大脑右半球的功能。在传统的教学中，无论是教师的讲解，还是学生的单项练习，以至机械的背诵所调动的，主要是逻辑的、无感情的大脑左半球的功能。而重视了非逻辑思维的感受，并使它与逻辑思维的认识活动相互作用，便可让学生边体验感受边进行内部言语活动。这样，大脑两半球交替兴奋或同时兴奋协同工作，则可大大地释放出潜能，创造力便渐渐增强。促使学生非逻辑思维感受的具体方式很多，主要有以下两类。

1. 设置情景

设置情景即提供与语文课堂学习有关的情景，如利用实物、图画、音乐、影像、环境布置以及其他多种现代化教学手段来造成生动可感的情境。这种方式作用于多种感官，可以让学生的非逻辑思维的感受作用得到充分发挥。

2. 诱发情境

诱发情境即唤起生活经验，通过记忆表象和想象再现社会或自然场景，把学生带入语文学习的特定情境中。例如，对课文情节绘声绘色的表演、教师生动感人的讲授、分角色朗读以及复述、改写、扩写、续写课文等，都可以把学生带入课文的情境中，深深地触动他们的情感，使非逻辑思维的感受作用得到发挥。诱发情境的关键在"披文入情"。教师要善于引导学生应用非逻辑思维揣摩、体味课文的语言，诱导他们将第二信号系统的语言文字还原为活生生的人、事、景物。

其中，感受情境要结合着逻辑认知活动进行。感受情境能触及学生情感的深处，激活学生的潜意识，使他们获得情感的体验和直觉的认知，受到感染熏陶和潜移默化的影响。让学生感受情境：一方面要发挥非逻辑思维的感受作用，使学生在潜意识的驱动下自然地进入情境，达到"入境始与亲"的境界；另一方面要帮助学生运用逻辑思维对情境进行分析认知，把潜意识引向显意识，把感性直觉上升为理性认识。因为感受情境触及学生的潜意识，产生的是直觉的感受、认知，一般只是一种意会，比较朦胧，难以用语言把它说清楚，有时还停留在浅层次，甚而产生主观偏向的歪曲感受、认知。这就有必要对情境进行理性的分析和开掘，让学生说出自己的直觉感受，或写成学习心得、札记。这样，便可使学生的认识及其情感产生飞跃，从而发挥最大的教育效应。

六、语文理法学习与语感学习相结合

我国传统语文教学重视从语感中学习，一味强调"书读百遍，其义自见""无他术，唯勤读书而多为之，自工"。这种以多读多写帮助学生积累语感经验的教法，虽然有合理的内核，但它只强调经验的作用，只要求对言语作直觉的感受和判断，不重视科学的分析思维，学生获得的乃是一种混沌状态的综合领悟。

正如鲁迅先生所指出的那样："一条暗胡同，一任你自己去摸索，走得通与否，大家听天由命。""弄得好，是终于能够有些懂，并且竟也可以写出几句来的，然而到底弄不通的也多得很。自以为通，别人也以为通了，但一看底细，还是并不怎么通，连明人小品都点不断的，又何尝少有？"特别是它以量取胜，缺乏效率观念，从当代学生学习语文的时间有限考虑，其经验应用就更受局限了。而当代语文学科放松语感训练，重视语文理法学习，因而讲风大盛，以烦琐的分析来肢解有整体活力的文章，以掌握语文理法知识来代替学生对语言文字的真切感受，这是违背语文学习的特点和规律的，最终也不能完成语文教学的任务。

古今语文教学的弊端，其根源主要在割裂了培养语感与学习语文理法的联系。事实上，二者是相互关联、相互为用的。语感是语文理法学习的基础和条件，直接影响语文学习的效果。这是由言语所反映的内容决定的。言语作为物质媒介来反映作者对现实生活"感受"到的意象，它是作者旨趣的最贴合的符号。学生对于言语，首先必须转换为生活，深切"感受"了它的意义和情味，才能通向和接近作者的心灵，透彻了解言语，获得理解语言的能力。如果没有对言语的这种"感受"，只是学习语文理法，让学生对言语的知识和运用规则有所"知"，这便离开了言语所反映的内容，失去了理解言语的基础和条件，其结果必然会停留于表面，不能深入、切实。运用语言也是同样的道理，只有从所反映的生活对象方面加以感受，才能准确地遣词用语和判别调整言语，获得运用语言的能力。

学习语文理法能为语感提供理性经验，使语感能力得到提高。一般人的语感是在长期的言语实践中自然形成的，能为理解语言和运用语言提供一定的言语感性经验。但仅凭这种单纯的感性经验来理解语言、运用语言，往往知其然而不知其所以然，局限很大。这种语感显然是低层次的。在理法的指导下，感性经验便可得到修正、整理和提高，使认识发生飞跃。也就是说，语文理法可以增进人们对言语的理解和鉴别，既知其然又知其所以然，使语感在原有的基础上进入高级的层次。感受言语，直接经验还是主要的，通过严格的语文理法学习，便能逐步积累间接的理性经验，从而形成真正敏锐地、准确地、深刻地理解、鉴别言语的能力。语文理法学习对提高语感的影响作用，其实也是由语感自身发展的心理要求决定的。高层次语感的心理结构以理性积累为基础，语感过程即是用早已筹思于前的经过长期逻辑理智思考而形成的认知心理结构去认同眼前的言语。可以说，高层次语感是语文理法知识与实际练习相结合而积累凝聚起来的言语感受的理性经验。语文教学是学生得到语文理法知识的基本途径。通过严格的语文理法学习，以直接感受经验为主的语感得到发展，进入理性认识的高级层次。

语感与语文理法之间有着相互关联、相互为用的必然联系。这种联系表明了以语文理法为指导的当代语文教学模式既需要学习必要的语文理法，更要立足于培养学生的语感，并使二者有机地结合起来。这种结合主要应考虑以下四个方面。

(一) 传授语文理法知识与训练语感能力结合

传授语文理法知识与训练语感能力结合是培养语感的基本指导思想，语文教学要根据语感训练的内容，传授必要的语文理法知识，并服务于语感训练的实践，使它成为培养语感的有效手段。例如，针对语义感的训练，应传授必要的词语知识、段落结构的知识、逻辑的知识、文体的知识、表达方法的知识；而对语言中的情境感、情味感的训练，应传授必要的文学表现手法的知识以及想象、联想等鉴赏方法的知识等。

(二) 课内计划训练和课外开放学习结合

课内计划训练和课外开放学习结合是训练语感，提高学生语感能力的基本途径。课内计划训练是有规则的语文学习，可以为学生提供理性经验，扎扎实实地打好语文基本功，尽快地增强学生的语感能力。但是，语感具有实践性，语感能力的形成和提高必须通过反复不断的练习和直接的言语实践。因此，语文学科应充分利用语言的社会性和语文学习的广泛性，要求和指导学生自觉地应用课内所学的理法知识，在课外积极广泛地学习语文，大量地积累语感经验，使课内语文规则学习向课外延伸、开放，与课外语文学习相互联系，相互补充，相互促进。

课外语文开放学习没有时空限制，内容形式很多，包括与听、说、读、写技能有关的一切言语活动。例如有的教师指导学生写语感随笔，便是课内语文规则学习与课外开放学习相结合的有效形式。语感随笔专门记录自己学习语言的心得，它要对所感的言语做理性分析，能把言语感受的感性经验与理性经验联系起来。凡是自己在课内外一切听、读活动中对言语有所感受，都可作语感随笔的内容。这种训练本身就是一种语感理性经验的开放性积累，又可以帮助学生养成揣摩和分析他人语言并因此缜密地使用语言的习惯，对提高语感能力作用很大。

（三）辨析推敲语言与联系生活经验感受语言结合

辨析推敲语言与联系生活经验感受语言结合是训练语感、提高学生语感能力的关键。语文教学必须重视培养学生辨词析句的能力，应指导学生认真分析、比较词句，仔细理解词语的选择和搭配关系，掌握各种句式的基本特征，准确领会言语的意义。

感受言语离不开生活情境，培养语感，应该结合情景、联系生活经验理解语言、运用语言。例如，我国著名学者叶圣陶先生说："要求语感敏锐，不能单从语言、文字上去揣摩，而要把生活经验联系到语言、文字上去。"我国著名学者茅盾认为，领会文章和作品，应当一边读一边回想他所经历过的相似的人生，或者一边读一边到现实生活中去看。学生理解语言，要引导他们把对词句的理性辨析同对生活的观察、体验结合起来，让他们调动自己的生活经验，开展想象和联想，呈现有关的表象，从而深切地感受到作者运用的语言文字呈现了什么样的事物或形象，其中蕴含了什么样的感情；学生运用语言，要指导他们把构思行文与所要表达的事物联系起来，呈现"内心视像"，从而准确地遣词用语。

（四）理性思索与诵读、揣摩结合

理性思索与诵读、揣摩结合是训练语感，提高学生语感能力的基本方法。语文教学要培养学生的语感能力，应该有计划地进行形式多样的练习。例如，修改病句、解词造句、关联词语填空，口头（书面）答问、争辩讨论，评析课文、单项作文等。这种练习能促进学生积极思维，更好地掌握和运用理法知识，扎扎实实地打好语文的基本功。这对发展语感能力有不可忽视的重要作用。但是语感是凭借着言语活动的经验（包括感性经验和理性经验）直觉地对言语作感受。诵读、揣摩便是直觉感受言语的基本方式。

因此，培养语感还需多采用诵读、揣摩的方法，在诵读、揣摩的基础上进行理性思索，把理性思索与直觉感受紧密地结合起来。这里要特别指出，我国当代语文教学重视语文理法的练习，学生诵读、揣摩太少。这对培养学生的语感极为不利。必须强调，诵读、揣摩是训练语感的基本方法。我国古代语文教育十分强调诵读和揣摩，以至于提倡"每大段内必定分作细段，每细段必看读万遍，又通背二三十遍"达到"与我为化，不知是人之文，我之文"的感受境界。古人单纯以量取胜的指导思想虽然不可取，但在获得语感方面确实有科学价值，值得我们借鉴。

第二节　语文课堂教学目标优化

一、语文课堂教学目标的优化体系

（一）认知目标

语文教学的终极目标是对人的精神的关怀，即熏陶其人文精神和创新精神，而精神层面目标的实现依赖于技术层面目标的完成，最终依赖于人类知识。"知识的广度能促进学生的发展，同时也能促进知识和技巧的巩固性。"但语文知识包罗万象，难以把握，因此必须优化学生认知目标，既能为学生"减负"，又能达到"立人"的目的。

经过不断发展和改善，语文课程知识已经有了一个系统，主要包括文字（含语音）、语汇、句子、篇章、语法、修辞、逻辑、文学等方面。需要提出的是，随着时代新发展及"大语文"理念的提出，语文教学的内容范围应放大到包含文学或以文学为主的整个人类一切优秀的"文化"。随着"网络时代"的发展，语文课的知识系统还会发生新的变化，比如汉字处理技术，亦可能走进未来的语文课堂，而传统语文教学中一些作为重点学习的知识，比如语法，亦可能淡化。所以，优化学生的认知目标就十分迫切了，而优化学生认知目标应坚持以下四大基本原则。

1.人文性原则

人文性原则既是时代发展大趋势的必然结果，又是教育"立人"的自然要求。语文学科应首先高举"弘扬人文精神"的大旗。学生人文精神的形成，进而完美人格的形成，并非孤立的、空洞的说教可以达到，而是贯穿于整个知识教育过程之中的感染熏陶，潜移默化。为此，教师在传授知识时，必须将知识融进文化大背景中，增加知识的文化厚重感。

例如，学习文言文字词，就不妨有分寸地涉猎文字学知识，尤其是汉字的演变。汉字被誉为中国的"第五大发明"，是中国对人类文明的一大贡献。历史上中国文字统一，奠定了中华民族统一的基础，并成为联结海内外炎黄子孙的精神纽带和文化之根，对中国几千年来无间断的延续起到了决定性的作用。中国的汉字史也是一部文化史，一个汉字往往包含着古代的天文、地理、习俗等，也涉及许多典故、逸事。学一点文字知识，不仅有利于学生举一反三地学习文言文，而且能够激活、感染学生，积淀其比较丰厚的文化底蕴，培养其对传统文化的热爱和民族自豪感。

2. 前瞻性原则

信息时代的最大特征就是瞬息万变，知识更新快捷。新时代的语文显然不能抱着以不变应万变的思想。为此，优化学生认知目标必须考虑语文知识的前瞻性，语文知识的优化应与现代科学理论的前沿结合起来。例如，现代语言学、现代阅读学、现代写作学等理论就应在语文课堂中体现出来。时代变化了，语言发展了，语文只有始终举起敏锐的触觉才有"立人"的希望，也才有其存在的价值。而教材作为语文知识的载体，在一定时期内必然是固定的，但在编写教材时应考虑教师学生可能拓展的空间。

3. 实用性原则

语文知识优化的最终效果体现在"实用"上。或有助于学生学习、生存、工作，或有助于学生"提高道德修养、审美情趣、思维品质和文化品位，发展健康个性，形成健全人格"。为此，应当引导学生把所学的语文知识转化为技能，"正确的知识必须和运用知识的技巧结合起来"。

4. 适宜性原则

认知目标的优化还要讲求"适宜性"。我们优化的服务对象是广大学生，倘若只从我们的视角看而不顾广大学生实际，那我们的优化最终达不到目的。"适宜性"最主要体现在两方面：精要和易懂。语文知识教学的主要矛盾是语文知识的丰富性与学生的实际接受能力之间的矛盾。语文知识不但项目多，而且各项又自成体系，内容复杂而艰深。但学生学习时间和接受能力都极为有限。因此，我们只有优化认知目标，筛选、精简出各项知识中最关紧要的、最切实用的点子，把最精粹的知识传授给学生，而没有必要要求学生尽窥语文知识体系之奥。优化认知目标是"减负提质"，而不是增加知识难度。优化后的目标体系应是通俗的，而且紧扣实际的，决不能留下一些抽象的概念、晦涩的术语。优化后的目标体系应突出运用，应能很好地指导学生的听说读写的言语活动。

（二）情感目标

语文学科与其他学科明显不同的就是语文的情感性。人学习、掌握母语的过程就是人成为人的过程。人人化、社会化的过程就是人追求自我完善（包括人的尊严、价值、个性、理想、信念、品德、情操等方面）的过程。这一过程则体现在情感的自我完善上。为此，人文精神层面目标的实现应依赖于具体的情感的培养，甚至创新精神的培养也依赖于这一点。"情商"这一概念的提出就足以说明情感与智力、创新能力的密切关系。语文教学应该优化以爱为核心的求真、求善、求美的情感，具体而言，应包括审美情感、理智感、道德感、爱国主义情感等方面。

1.审美情感

审美情感，即美感，人对美的体验。它是根据美的需要，按照个人所掌握的审美标准，对客观事物评价时所产生的情感。不仅物质美使人有美的体验，行为美、语言美、心灵美，也会使人产生美的体验。美能在人的心灵上唤起无私的、真诚的、快活的、自由的情感。美没有对功利的直接的期望，它对于人是精神意义上的，使人精神愉悦、充实，使人性得到磨炼而美好。

审美教育非常重要，一个人如果从童年时期就受到美的教育，特别是读过一些好书，那么他善于感受并高度赞赏一切美好事物。美，首先是艺术珍品，能培养细致入微的性格。法国文学家卢梭在《爱弥儿》中说："有了审美能力，一个人的心灵就能在不知不觉中接受各种美的观念，并且最后接受同美的观念相联系的道德观念。"从某种意义上说，美育甚至是教育之基本。但是，美的鉴赏力不是人天生的能力，它是由美的环境、美育培养成的，语文教学就是美育的最好阵地。引导学生去感受美、理解美、发现美、创造美，这是语文教师责无旁贷的任务。

2. 理智感

理智感，从心理学角度讲，即人在认识过程中所产生的情感。这是一种对自身情感施加某种自我约束的情感，这种情感遵循、服从一定的原则和逻辑规范。理智感的表现形式有好奇感、求知感、怀疑感、自信感以及对真理的热爱、对偏见的憎恨等，属于高级情感。

语文教学是培养情感的，培养健康的、有涵养的、雅致的情感。培养学生的理智感便是为学生建筑一道情感"防火墙"，以免其走情感极端。理智感是一个人走向成熟的标志，也是人类走向成熟的标志。有了理智感，学生才能真正做到"学会认知、学会做事、学会共同生活、学会生存"。理智感也是学生创新的情感基础。创新不是不可捉摸的，而是借助理智感可以把握的，甚至更多的是依靠理智感获取的。理智感是从认知过程中产生和发展起来的，又反过来推动认知过程进一步深入，成为认识世界和改造世界的动力。

3. 道德感

道德感是伴随道德认识而出现的一种内心体验，即人们的道德需要是否得到实现或满足时所产生的内心体验。道德感和道德信念、道德判断紧密相关。人们在运用一定的道德判断去衡量或评价自己的道德行为时，必然产生种种情绪体验。培养学生积极的、稳定的情感体验，进而形成正确的道德判断、坚定的道德信念是极为必要的。

4. 爱国主义情感

爱国主义就是千百年来巩固起来的对自己的祖国的一种最深厚的感情。一个人对家乡、祖国语言、民族传统的眷恋以及他对与自己的一生密切相关的祖国命运的关怀是很自然的。但是，这并不等于不用引导、不用教育。语文教师要为其拨开云雾，况且，进行爱国主义教育也能促进其他方面的教育。

（三）语文技能目标

语文技能目标应包括听、说、读、写、思五大方面，最终上升为创新技能。这种上升不是自然而然的，创新技能的培养只有融合在听、说、读、写、思的实践过程中才能很好地完成。听、说、读、写、思的实践过程亦不是孤立的，必须与相关知识紧密结合才能完成。要达到会听、会说、会读、会写、会思，进而会创新，就必须完成两大积淀：一是丰富的语汇；二是丰富的素材。

1.关于听、说、读、写、思的技能目标

尽管听、说、读、写、思是相对独立的，但终因其都以言语为中介而有共同的技能目标，即以培养语感为中心的技能目标。语感是"思维并不直接参与作用而由无意识替代的在感觉层面进行言语活动的能力"。语感是人把握言语的主要方式。"人不仅在思维中，而且以全部感觉在对象世界中肯定自己。"思维和感觉是相互对峙而又相互关联的。就言语而言，其思维必以感觉为前提，只有先被感觉然后才能被思维。所以，在日常的听、说、读、写、思活动中，总是以"感"为主，以"思"为辅。言语活动显然是有"游戏规则"的，但在一般情况下，言语活动常常是"不假思索"的。

2.关于思的技能训练

思的技能训练是与言语活动的实践密不可分的。思的技能训练包括观察力、记忆力、想象力、思维力等的训练。

（1）观察力

观察力，不同于一般的参观、看一看等常规的注视，而是与人的积极的思维活动密切联系的。概括地说，观察不仅要通过看一看、听一听、摸一摸等多种感觉活动，而且要调动大脑对感觉的对象进行综合性知觉。"观"，在此基础上，进而发现问题以疑引思。"察"，包括生疑，质疑，最后达到释疑。也就是说，知觉与积极的思维结合，才能构成一定的观察活动。观察力是怎样发展起来的呢？广博的基础知识，是发展观察力的重要基石；做生活的有心人，充分地感受生活，进而驾驭生活是发展观察力的关键。提高观察效果，必须有正确的思想方法、坚强的意志、严谨的科学态度，要消除偏见，注意捕捉"细小"新现象；提高观察效果，也必须养成良好的习惯，做好"三常"（常预见、常联想、常变思路）。

（2）记忆力

记忆是智慧的仓库，没有积累丰富的语言材料，便不可能有生动的言语。智慧优化语文教学目标，重视记诵在言语学习中的重要地位，这是由文字语言本身的属性所决定的。就语文学科而言，我们要着重发展学生的形象记忆、情绪记忆能力，这也是由文字语言本身的属性所决定的。

（3）想象力

爱因斯坦说过："想象力比知识更重要，因为知识是有限的，而想象力概括着世界的一切，推动着进步，并且是知识的源泉，严格地说，想象力是科学研究中的实在因素。"培养学生的想象力，方法的指导固然重要，但真正关键的是培养学生自由、独立的个性与精神，而这种个性与精神源于教师的民主、平等的教育理念。有了宽松的民主氛围，想象力才会得"天时""地利"，蓬勃发展起来。

（4）思维力

语文学科具有发展思维能力的优越条件，因为思维和语言是不可分割的。俄国教育家乌申斯基强调指出："语言并不是什么脱离思想的东西，相反地，语言乃是思想的有机创造，它扎根于思想之中，并且从思想中不断地发展起来。所以，要想发展学生的语言，首先要发展他的思维能力。离开了思想单独地发展语言是不可能的；在发展思维以前先发展语言甚至是有害的。"思维力的培养应着重训练分析、综合、抽象、概括、比较、归纳、演绎等能力。思维力的训练是长期的、持久的，不可能凭借几节课就能使学生掌握。

3.关于创新技能目标

创新技能的培养是一切语文技能培养的最终归宿，也是一切语文技能训练必须伴随的同步训练。这也是优化思想的真正体现。创新技能的培养主要应让学生掌握和运用创新技法。这些技法包括组合、移植、逆反、迂回、换元、分离、强化、群体等。

在教学过程中，教师要自始至终引导学生利用这八大技法思考问题，只有如此，学生才能形成创新能力。当然，单是创新技能的训练是达不到优化的预期效果的，教师应力图营造一种自由、平等、民主的崇尚创新的课堂教学氛围。

二、目标优化的有效模式

(一) 目标教学是语文课堂教学目标优化的创造

数十年的语文教改探索积淀了丰厚的教学理论和经验，但是终因语文学科驳杂的特点，教、学、考、评等几个环节缺乏明确、统一、科学的目标，语文教学一直徘徊在原地，难以走出低谷。在某种意义上来说，科学地制定语文学习、教学、考评、检测等环节目标，是语文教改的关键一步。如果语文学科有了明确、科学的目标系统，教师为实现一个个特定的教学目标而教，学生为达到一个个特定的学习目标而学，同样也按目标考评、检测，那么，语文教学就可能一反低迷状态而生机勃发，登上一个新的平台。目标教学模式正是在这样的背景下提出的，它是信息论、控制论、系统论三论在语文教学中的具体运用。优化语文课堂教学目标的工作应具体落实在目标教学上。

目标教学的优势显而易见：①有利于激活学生学习动机和兴趣。在目标教学的各个环节中，学生可从达标检测中及时获得信息反馈，能及时把握自己现有水平和进展方向。目标实现易激起学生的成就感、满足感，反之，学生也能迅速矫正、弥补。②有利于克服教、学、考、评等各个环节的盲目性、随意性、波动性。一切教学活动始终围绕目标进行，容易做到有章可循，对症下药。③有利于面向全体学生实施分层、异步等因材施教的教学。在这一点上，传统教学很难做到。由此不难看出，目标教学确实是语文课堂教学目标优化的一种创造。当然，实施目标教学也不是一件容易的事，技术层面的目标容易系统化地制定、落实，但精神层面的目标却很难以系统化和数量指标化来实现。

（二）语文课堂目标教学的基本环节及其优化

1. 示标

示标是课堂第一阶段。教师向学生出示课堂目标，确定该课堂所要完成的教学任务。示标阶段须注意两点：①标的应面向全体学生，分层定位，异步达标。因为目标教学的最终目的是让全体学生达标，夺取大面积丰收。②目标的制定应尽可能由师生共同制定。目标有了充分的透明度，学生知道自己对所学的知识要达到哪个水平层次，心中有数，才能有的放矢。

2. 释标

释标是课堂第二阶段。师生共同讨论、研究、阐释所制定的教学目标。在这一阶段，学生在教师的引导下分析目标所包含的要素及内涵，并确定达标所需要的途径和方法，为进一步学习做好知识和方法上的准备。释标阶段要注意两点：①要广泛联系已有的知识，把握好各类学生的"最近发展区"，让学生"跳一跳，能摘到"；②要精心设计启发方案，以求达到训练的最佳效果。

3. 练标

练标是课堂第三阶段，也是关键阶段。教师应精心设计达标的训练方案和引导措施，激励学生自觉投入训练以期达标。这一过程中须注意四点：①训练指导要面向全体学生，不能只盯着几个尖子而让大多学生处于视觉"盲点"上。②训练的质量要高，数量要精。质与量的最佳结合便是教学优化的必要条件。③要及时反馈，及时矫正。要及时避免学生在训练中失误的积累。失误积累过多，易使学生丧失信心，滋生厌学情绪。这是目标教学尤其要避免的问题。④教师要善于营造一种严肃紧张而又活泼向上的教学氛围。教师尊重、爱护学生，学生尊敬、信赖教师，师生之间和生生之间形成一股教学合力，其效果必然最佳。

4. 测标

测标是课堂的第四阶段。通过训练、反馈、矫正，学生达标情况尚需检测。测标阶段应注意以下两点：①检测方式应具有优化性、创新性，既精要，又实在；②重视学生测验信息的及时再反馈，及时再矫正。

除这四阶段外，目标教学的课堂应还有两个附加成分：①开课时的激活性导语；②结课时的强化标的结语。虽是附加，但作用不可忽视。目标教学的整个过程中，始终要以现代教学理念为指南，只有有了正确的学生主体观、质量评价观、和谐教学观等新观念，目标教学才能走出一条新路。

第三节 语文课堂学习环境优化

一、语文课堂教学优化环境的营造

语文课堂教学优化环境的营造应该说是一个牵涉面广的系统工程，它涉及包括经费在内的一系列问题。这里主要分析如何充分发挥语文教师的主导作用，尽可能科学、高效地调用课堂环境诸要素，使之优化组合，形成民主性、暗示性和认知性的学习环境。

（一）民主性环境的营造

教学民主是教学中的一种教风和学风，表现为师生在教学活动中相互尊重、相互信任、相互配合、相互促进，以伙伴式的关系共同完成教学任务。民主性教学环境是相对于专制性或强制性教学环境而言的。营造这种宽松的环境，目的是让学生在一种"心理自由"与"心理安全"的状态下发挥学习的主观能动作用，从而取得良好的学习效果。

营造民主性的课堂教学环境是优化课堂教学过程的必然要求，因为语文学习是一种创造性的复杂智能活动，这种活动要求学生思想解放和富有强烈的探索精神。而这在很大程度上需要环境的保护、支持。

教学过程较一般的认识过程，具有特殊性，它包含着学生、教师两个认识主体和主要由双方组成的认识客体。其中，师生都具有主观能动性，他们互为认识的主体和客体。教学过程不仅要解决师生对教材、教学环境和教学方法的认识问题，而且要解决师生互为认识主体又互为认识客体的相互认识问题。在这样一种相互作用、相互制约的教学过程中，如果没有"在真理面前人人平等"的民主的氛围和机制，师生就不可能真正做到相互促进和相互作用，就只能是师对生的主观意志的传授式教学。这样，学生学习的探索精神和主体能动性被压抑、扼杀了，他们的创造性也就被教师的主观意志代替了。显然，这种环境根本不可能有语文教学过程的优化。民主性课堂学习环境的营造通常可以采取以下策略。

1. 实行学生"自治"性的教学管理

学生"自治"即让学生在学习中自我管理、自我调控。学生"自治"是教育民主思想在教学管理中的具体体现，其关键是要给予学生学习的自主权。具体来说，教师应尊重学生的个性和习惯，给学生留有学习"自治"的时间，允许他们按照自己的意愿和方法，去做自己想做的事，允许他们运用自己的方式方法获得同样的学习效果。同时，教师要让学生参与教学管理，师生共同制订教学计划，共同遵守有关要求，共同监督计划的执行，共同评价计划的完成情况。教师的主导作用主要体现在指导学生"自治"管理，帮助学生形成、提高自我管理能力和自学能力。

例如，语文教育改革家、著名特级教师魏书生为了培养学生的语文自学能力，十分重视学生的自立、自治。他认为，语文教学改革的主要凭借是"一靠民主，二靠科学"。民主解决学生学习的积极性、主动性的问题，解决教师为学生服务，同学生齐心协力搞教改的问题；而科学解决语文知识结构科学化、语文能力结构科学化的问题，解决学生科学的学法和教师科学的教法的问题。在"民主""科学"思想的指导下，魏书生把对学生能力的培养看成是一个科学管理的过程。他建立了让学生自主、自治的系统的管理制度，这些制度有效地培养了学生学习语文的自觉性和创造性，极大地提高了语文教学的水平和质量。

2. 实行参与式教学

参与式教学是与依赖式教学相对的一种教学类型。它强调师生间的相互作用，鼓励学生根据自身的特点参与教学目标的制定，采用自己认为最好的方式，去圆满地达到自己所制定的个人学习目标。这种教学的特点是"多维性"，即多种目标，多种结果。实行参与式教学，可以让学生切实享受民主的权利，通过自我来充分调动学习的能动性，是优化语文课堂教学的重要途径。语文教学实行参与式教学，主要应考虑以下几点。

（1）多给学生提供自由选择的学习机会

例如，一篇课文或一个单元的教学目标可以确定为基本目标和较高目标，由学生选择所要达到的目标；作业可以分为基本部分和非基本部分，让学生自由选择完成；作文配套多个命题，让学生选择；可以开设选修课，允许学生选学等。

（2）给学生课堂学习的自主权

给学生课堂学习的自主权关键在于改变课堂上教师"一统天下"的专制作风，代之以师生共商教学的民主作风。例如，高扬"民主、科学"的旗子，在教学中随时与学生"商量"，不仅教学设想和教学计划与学生商量，每次上课的教学目的、教学内容和教学方法也与学生商量，甚至公开课上学什么、学多少、学到什么程度，仍然与学生商量。这种教风，给了学生充分的自主权，让师生真正处于平等地位，从而将教师的意愿转化为学生自己的意愿，给课堂带来了活力和生机。在这种环境中，学生以主人的高度责任感自觉学习探索，学习潜力得以充分发挥。

（3）开展"自治"性的学习活动

例如，让学生命考题，评试卷，互改作业、作文；让学生设计讨论题，主持讨论；让学生上台讲课，当小老师做个别辅导等。

3.实施"开放性"的教学

"开放性"的教学是相对于传统的封闭式教学而言的。这种教学的特点是师生共同交流和切磋讨论，让学生思想开放，心灵自由。实施"开放性"教学，必须做到以下两点：①采用多种让学生参与教学的方式。例如，课堂上可以开展自学、讨论、书面练习、质疑释疑以及演讲、辩论、演课本剧等活动，让学生自由地发挥自身的语文学习个性。②坚持平等自由地探讨问题。"开放性"的教学应坚持师生平等、教学相长的原则；同时，还应创造一种畅所欲言的课堂氛围，即使学生认识上有错误，教师也只能疏导，诚恳地将他们引到正确的方面来，切忌采用简单、生硬的方式压制。

（二）暗示性环境的营造

暗示是在无对抗态度条件下用含蓄的、间接的方法对人的心理和行为产生影响。暗示性学习环境着眼于学生的心理、生理潜力的开发，激发学生的学习动机和求知欲，激活学生的无意识活动和情感活动，主要是指利用能刺激情绪和给人以外围知觉的教学手段，创造出适宜的学习环境，激发学生学习的心理动因和创造良好的学习体验，让它们与有意识活动和理智活动协调配合，从而充分发挥大脑的整体功能，达到最佳的学习效果。

暗示性环境的营造重在形成一种轻松愉快、自由和谐的教师乐教、学生乐学的氛围，形成一种与言语学习内容认知相适宜的场景。教师亲切的态度、饱满的情绪、生动的表情、节奏分明的语调以及与课题学习协调的空间、通风、采光、色彩、媒体等，都是构成暗示性环境的因素，都能直接诉诸学生的直觉和感情，打动他们的心灵，引起他们无意识的、模糊的知觉活动，充分发挥出大脑活动的认识机能。暗示性课堂学习环境的营造可以采用以下几个策略。

1.创造协调气氛

暗示是针对无意识的，暗示环境的作用就是激活无意识，使它与有意识协同活动。暗示学的创始人、保加利亚教育家洛托诺夫认为，感情和想象是无意识心理倾向的重要构成部分。这也就是说，要发挥环境的暗示作用，首先要发挥教师感情的投影作用和调控作用，以教师积极的情感去激发学生的情感世界，创造出适合于有效发挥暗示作用的协调气氛。

情感具有感染性，在课堂教学环境中，教师的教学情感可以感染学生，使之产生同样的情感。一般来说，学生课堂的情感体验与教师的教学情感同质，教师的情感性质影响着学生的情感世界。教师积极的情感、欢快的情绪，能使学生精神振奋、智力活跃，容易形成新的联系；相反，消极的情绪则抑制学生的智力活动。学生高高兴兴地学，与愁眉苦脸地学，效果截然不同。教师的作用，就在于调动各种因素，使学生始终在愉快而不紧张的气氛中学习；与此同时，努力促进班级中师生间、生生间的和谐的人际关系的建立，并注意调控学生的情感状态，使班级的情感状态与课堂教学内容的情感因素有机融合。这样，学生便可始终处于乐学的情绪状态之中，从而积极主动地学习，确保教学环境的暗示性作用的实现。

2. 创设教学情境

乔治·洛托诺夫指出，"即使最强烈的观念，除非和个人的无意识心理倾向结合，和他的态度动机结合，并且和他个人的情绪、智能、意志以及需要等特性协调，否则是不可能产生暗示的效果的"。这表明了发挥环境的暗示作用，必须从态度、动机等心理因素着手。而巧妙创设教学情景，是激活学生的心理动因的基本途径。

教学情境指教师依据完成课时教学任务的需要，调用各种教学手段，设置引导学生进入课题的教学情景。教学的全部信息总是在一定的课堂教学情境中进行传递的，而良好的课堂教学情境有助于激发学习兴趣，有助于信息的有效传递。创设教学情境，可以使语文教学内容具有浓厚的趣味性和实用性，这样既可以排除学生因高容量而产生的困难感，又能激发学生掌握教材的动机，引起学生接收信息的兴趣，激活他们的无意识心理，调动他们的认知潜能，从而高速掌握和消化所教的学科知识。

创设情境的手段很多，如在上课时伴以音乐，在游戏活动中传授知识等。特别是随着多媒体和网络技术在教育教学中的运用，创设教学情境的基本手段已有了很大的改变。借助于多媒体和网络技术，运用更为直观可感、具体可闻的影像、图片等资料，可以实现"生活显示情境、实物演示情境、音乐渲染情境、图画再现情境、语言描述情境"等情境的创设。与传统的情境创设相比，多媒体网络技术的情境创设具有更直观、生动，信息量更大、吸引力更强等特点。随着课程改革的推进和新的课型的出现，教学情境的创设必将有更多更新的手段，但无论运用什么样的手段来完成，都必须注意：①与课时内容吻合；②贴近学生生活实际；③适度而不喧宾夺主；④符合学生身心发展的水平与特点；⑤情境富于变化。

3. 打造课堂艺术

兴趣是感情的体现，能促使和保持动机的不断产生。课堂学习环境中的权威、情景、图示、音乐、节拍、声调等，都是重要的暗示手段，利用好这些情绪刺激源和外围知觉对象，就能有效地激发学生学习兴趣，开发课堂学习潜能。教师的教学权威不应是一本正经的居高临下，而应是平等民主的作风，平易近人的品性，严谨精讲的精神，客观公正的态度，求真求实的学风，诙谐生动的讲解……这样的权威，才能赢得学生的尊敬和激发学生对语文学科的感情。

情景、图示、音乐、节拍、声调应是语文课堂重要的组成部分，借助这些有效的形式、色彩、节奏和韵律，直接诉诸学生的直觉和感情，可以打动学生的全身心，又通过全身心的参与而激活潜意识，特别是维持兴趣的较长的保持期。在教学过程中，适当利用电影、戏剧等艺术形式，把有关教学内容的基本原理和规则系统与音乐舞蹈、表演等联系起来，有助于激发学习潜能，获得心理上和教学上的效果。语文教师要善于利用这些外在的情绪刺激源来营造暗示性的学习环境。

(三) 认知性学习环境的营造

1. 认知性课堂学习环境的特征

(1) 知识信息富足

语文学科的内容无论如何理解，其表现形式都是以语言文字为载体来传达信息，所有环境的设置都必须围绕着传达信息这一中心。知识信息越丰富，越利于学生认知水平的提高，也直接关系到学习效率和效度。

（2）符合认知规律

课堂的知识容量的多少，程度的深浅，传输方式的变化要能体现学龄段的差异，要由一般到特殊，由简单到复杂，由低级到高级，由具体到抽象，要体现出由实践—认识—实践—再认识—再实践的两次飞跃。

（3）重视方法与技能

课堂传授的不应只是零敲碎打的语言知识，而应是语文学科学习的理念和学习知识，应掌握的基本方法，只有关于方法的知识，才是最可贵的知识。认知性学习环境的营造应着眼于学生心智的健康发展，坚持科学性与实用性相结合的原则；着眼于实现学科知识的高效传授，要坚持稳定性和渐进性相结合的原则；着眼于培养学生学会学习，终生学习，要坚持发展性和可持续性相结合的原则。

2.认知性学习环境的营造策略

（1）提供富足信息

根据信息的来源及内容的不同，课堂信息可分为学科知识信息、思想道德信息、心理情感信息和交叉学科信息四种。语文学科知识信息包含语音、语词、语法、修辞、逻辑、文学、文化、听说读写等方面的信息和汉语所特有的文言文信息等。思想道德信息包括中国传统的伦理信息、中国现代的道德信息、进步的思想信息等。心理情感信息包括健全人格信息、健康心理信息、积极高雅的情感信息等。

语文学科的课堂学习还广泛牵涉到历史学、经济学等学科的知识信息，就是数、理、化等纯理科的学科知识也常出现于语文课堂和言语实际中。所以，丰富而科学的信息，是认知性课堂环境的基本内容，提供的信息量越丰富，越利于学生心智的健康发展。为此，教师要做到：一要努力提高自己的学识修养，既要成为语文学科的专家，又要成为博闻强记的杂家；二要充分使用多媒体等现代教育技术补充语文教材信息量的不足；三要掌握先进的教学方法，做到举重若轻，化纷繁为简捷，以避免知识信息富足产生的枯燥感、零乱感；四要有意识地注意收集和整理最新的知识信息；五要注意课堂信息的丰富性和适度性；六要传授学习方法，揭示语文学习规律，将陈述性知识与程序性知识和策略性知识相结合。

（2）广开信息渠道

语文课堂信息量大并不意味着学生在课堂上获取的信息量就多，这当中牵涉到负载信息的语言载体和知识传输的形态等问题。优化了的课堂应充分调用最富含科技含量的教学手段来提高载体的信息容量，转换信息的传输形态。有关研究表明，单用口头语言（即以教师讲授的形式）或单用书面语言（即学生阅读的形式）来传播知识，学生实际获得的教学信息会大大减损，因而在课堂学习环境的创设中，就要在教学信息的传输方式上大做文章。除采用传统的讲授方式以作用于学生的听觉器官和传统的阅读方式以作用于学生的视觉器官以外，还应采用多媒体的音像载体，采用挂图、实物、幻灯、模型等实物载体同时作用于学生的听觉器官、视觉器官、触觉器官等，变单向机械的信息刺激为多向生动的刺激，实现课堂信息直观生动地"多向辐射"。

（3）调配课堂环境要素

大量研究表明，采用学生自己喜爱的学习方式组织教学，会使他们获得更好的成绩。在班级授课制的组织形式之下，这一点显然极难做到。但我们仍可通过调配课堂环境要素的方法尽量达到课堂学习环境的优化。主要可以从以下几方面着手。

①调控教室光线。一般认为，学生在光线充足的教室里学习效果最佳，但实际研究结果却表明，只有部分学生在光线充足时才学得最好，因而可以采用灯光调控、设置书橱、添置屏风等办法在教室中布置一些光线强弱不同的小区，并允许学生选择适合自己的位置。

②保持课堂合适温差。实际情况是不同年龄和性别的学生对课堂温度需求差异较大，因而教师要指导学生了解自己对温度条件的要求，保持教

室不同区间的温度差，供学生自主选用。

③设置适宜音乐。一般认为，学生在安静的课堂中学习效果最佳，但许多学生学习中有音乐相伴，效果更好，因而根据课堂教学内容，利用课堂中的教学设施，提供适宜的音乐，有助于学生认知效果的提高。

④课堂组织灵活。一般认为，实行集体授课效果最佳，但学生的个性差异，学习中对外在环境的依托程度较为悬殊，因而组织课堂教学时，应遵从设法让学生学得更好的原则让学生选择独立、成对、成组的多种组织形式。

（4）完善课堂管理

作为课堂学习软环境的重要组成部分，传统意义上的课堂管理都是由教师作为管理标准的执行者来实现，这既没达到民主化的要求，又不利于课堂环境功能的发挥。课堂管理具有对学习行为的启动、导向、激励、反馈和调控功能，可以成为学生个体的行为准则，促使个体约束自己的行为，可以逐步形成班级的习惯，在长期的执行中形成班风和学风。班风和学风一旦成为班级的集体意识和共同的行为规范，必将对课堂学习的个体和全体产生积极的影响，成为学生认知和评价自己行为的标准，成为"维持、巩固、发展班级的支柱"。作为课堂学习软环境的课堂管理，一定要充分发扬民主，师生共同参与。课堂管理的制度、办法措施，都要民主决策，共同遵守，以形成班级共同的积极向上的学习态度，营造出良好的认知氛围，保证课堂教学的质量。

二、语文课堂优化环境的功能

课堂学习环境是指在课堂教学活动中，影响教师教和学生学的一切内外条件。课堂是一种特殊的社会环境，其构成要素众多。从内容构成看，可以分为物理环境、心理环境和信息环境。课堂学习环境也可分为"硬环境"和"软环境"两大类："硬环境"主要由课堂的主要构成要素"人"（学生、教师）和课堂基本教学设施（包括电教设备如微机、电视机、投影仪、实物展示平台、广播、音响等和挂图、灯具、桌椅等）构成；"软环境"主要由风气（班风、学风）、学习气氛、师生关系、学习制度等要素构成。

课堂学习环境的优化，是指教师依据教学目标的需要，选用恰当的行为策略调配环境各构成要素，调控对环境要素使用的过程，调适对环境要素的使用效果，以确保教学目标最好地实现。语文学科作为人文性和学习过程的互动性很强的学科，其教学任务的完成和教学目标的实现有赖于语文课堂学习环境的优化。简略来说，优化的语文课堂学习环境具有五大基本功能：陶冶功能、发动功能、认知功能、激活功能和创新功能。

（一）陶冶功能

陶冶功能指语文课堂优化环境能陶冶学生的心理，有利于培养学生健康高尚的审美情操，养成他们良好的道德品质。语文课堂环境的陶冶功能主要是由优化环境作用于语文的人文性内涵而产生的。语文反映人类社会的事、理、情、态，表现民族精神、民族情操、民族审美情趣，负载着丰富多彩的文化。优化的语文课堂教学环境师生关系和谐，课堂气氛融洽，学习轻松愉悦，加之媒体教学设施运用的直观性、情境性的效应，可以让学生达到最佳的学习境界。进入这种境界，学生便可以在一种愉悦的心理状态下，自然地将自我精神世界与语文所表现的人类崇高的精神世界融为一体，实现情操的陶冶和道德的升华。即使是文字、词语和语法的学习内容，也会因为环境的优化而妙趣横生，培养起学生对中国语言、文字的深厚的感情，使学生受到思想感情的熏陶。

与此同时，在优化的语文课堂环境中，有师生互爱互助的情感美，有课堂气氛愉快而轻松的和谐美，有师生共同追求真理的理智美，有语文教学过程的艺术美等，这些都构成语文课堂的审美要素，可以满足学生的审美情感的需要，让他们在潜移默化中实现以美育德、以美养心的目标。

（二）发动功能

发动功能是指语文课堂的优化环境能激发学生语文学习的动机和兴趣等心理动因，使他们自觉参与语文教学过程，主动积极地进行学习活动。

优化的语文课堂学习环境是一个开放、师生互动的学习环境，学生学习的主体地位得到充分的尊重和发挥，学习的途径和方法呈现出多元化的态势，师生、生生的双方、多方活动体现得十分充分，现代教学手段运用十分普及。这种民主、平等和自主的氛围和机制，可以让学生充分体验到在语文课堂学习中的主体地位，从而增强学习的责任感和自觉性，把学习作为自身的内在需要，产生强烈的语文学习的动机和兴趣。

在优化的语文课堂学习环境中，师生处于平等的地位，互相理解、信任、尊重，加之现代教育技术将语文学习内容的生动性、形象性的优势充分发挥，创设出动人的教学情境，也能激发学生语文学习的心理动因。

（三）认知功能

认知功能是指语文课堂优化环境能促进学生在语文学习中的认知活动，帮助他们顺利地掌握语文知识、形成语文能力。优化的语文课堂学习环境能呈现与语文学习内容相宜的情境，让学生在生动活泼的言语情境中接收和输出知识信息，这有利于学生在课堂中不断地感受、识别、筛选、储存知识信息，并根据已有的认知结构进行分析、综合，形成头脑中新的认知结构。同时，优化的语文课堂学习环境，通常呈现着问题情境，这些问题情境有助于启发和调动学生思维的积极性；可以让学生充分发挥自己认识的能动性，并在师生互动、生生互动的多向互动中，提高自己分析问题、解决问题的能力，从而切实掌握语文知识、形成语文能力，实现语文学习的优化。

（四）激活功能

激活功能是指语文课堂优化环境能激活学生的潜意识，参与语文学习认识活动，使他们的内在潜能被充分释放出来，进行高效的学习。潜意识相对于显意识而言，又称无意识，心理学上指潜伏在意识之下的不知不觉、没有意识的心理活动，它是人的一种潜在的能量。当代科学和心理学大量的研究表明：人脑的潜能巨大，一般没有得到开发，有70%～90%甚至更多的处于"封冻"的状态。从某种意义上说，教学的优化就是对人脑的开发，让学生的潜能得到释放，配合显意识积极进行学习认识活动，从而取得最佳的学习效果。潜意识的激活需要有轻松、愉快的学习环境，而优化的语文课堂学习环境确立了学生的主体地位，营造了民主的教学氛围，可以在轻松、愉快的环境中使学生的潜意识活跃起来，释放出巨大的学习潜能。

（五）创新功能

创新功能是指语文课堂优化环境有助于学生积极探索，充分发挥自己思维的独立性、批判性和创造性，促进他们语文创新能力的形成。创造性学习需要相宜的学习环境来推动、激励。现代心理学认为，创造性学习的动力主要有三点：一是激情的推动；二是强烈求知欲的驱使；三是不断进取的鞭策。优化的语文课堂学习环境充满着民主平等的学习气氛、畅所欲言的自由空气、竞争而又合作的学习关系，这种学习环境能激发并维持学生的学习热情，驱使、鞭策学生不断进取、求异创新。

第三章 语文教学方法理论与变革

语文教学方法是语文教学的一种重要手段，没有良好的教学方法，就难以取得预期的教学效果。所以，学习语文教学的方法对语文教学有着重要的意义。

第一节 语文教学方法的基本理论

语文教学方法是语文教学的一种重要手段。没有良好的教学方法，就难以取得预期的教学效果。哲学家黑格尔把方法喻为耕地的犁，生物学家达尔文说最有价值的知识是关于方法的知识。什么是方法？从现代科学意义上理解，方法是指人们在有关的活动领域，把握事物规律，完成某种任务而采用的途径、手段、工具和方式的总和。语文教学方法是教师引导学生自觉而有效地完成学习语文知识、培养语文能力、陶冶品德情操的任务所采用的方式、手段和途径。

一、语文教学方法的基本原理

语文教学方法，首先要了解语文教学方法的内涵、特征和分类，明确优化语文教学方法的标准和要求。

（一）语文教学方法的内涵

方法是一个多视角的复合体。从哲学的视角考察，它是人类认识世界和改造世界的方式和手段，人们称之为方法论。从心理学的视角考察，它是人类自主控制的行为程序。科普宁认为"方法不能直接规定为客观世界中存在的某种东西，方法就是指人在认识和实际行动过程中应该怎么办"。

方法实质上就是一定对象运动规律的规定性和活动模式，它在一定的范畴内规范着人们的行为方式。

列宁说过："定义可以有多个，因为在对象中有着许多侧面。"

语文教学方法具有多层次的内涵。从宏观、从广义、从整体来看，它是概指实现语文教学目的所采用的教材编排、教学过程、教学原则、教学形式、教学设施、教学技术等一切方面。人们平常泛指的"改进语文教学方法"，实际上多指"语文教学方法论"。从微观、从狭义、从局部来看，它是师生为达到语文教学目的而进行的相互联系活动的形式，也就是独立的、具体的语文教学方法，是教法和学法的统一。我们所说的语文教学方法是狭义的，为了完成教学任务所使用的工作方法，它包括教师教的方法和学生学的方法。

（二）语文教学方法的特征

语文教学的方法不是一种孤立的现象，而要受到多种教学因素的制约；语文教学的方法也不是一种单一的模式，而是多姿多彩、变化多端的；语文教学的方法更不是凭空产生、一成不变的，而是发展变化、推陈出新的。正确认识语文教学方法的基本特征，认识它的整体功能，这是选择运用和改革创新语文教学方法的基础和前提。也就是说，无论是选择运用，还是改革创新，都必须充分考察语文教学方法在语文教学整体坐标系中的位置和功能，它与各种教学因素、教学环节以及方法与方法之间相互联系、相互作用、相互影响，要进行教法结构的整体设计，提高语文教学的实际效益。

语文教学方法的基本特征可概括为三个方面：

1.语文教学方法具有依存性和变通性

这是从它与其他教学因素的关系来说的。所谓依存性，就是语文教学方法要受各种语文教学因素制约。首先，教学思想统师教学方法，教学方法是教学思想的直接体现。教师设计某种教学方法，总是有意或无意、自觉不自觉地受一定教学思想的支配，完全不受任何教学思想支配的教学方法是不存在的。坚持"教师中心""书本中心"的教师，往往习惯于"老师讲，学生听"，大多采用讲和读的方法，时常由教师唱"独角戏"，讲述、讲解、评析，一讲到底，难免有"满堂灌""注入式"之嫌；主张"学生为主体，教师为主导"的教师，注重"导读"，尽量采用各种有利于调动学生主体意识的讲、读、议、练、看的教学方法。因此，从这个意义上来说，语文教学方法的改革，归根结底是教学思想的改革。其次，教学目的决定教学方法，教学方法为教学目的服务。如果以传授知识为教学目的，则主要可以采用讲授法；如果既要传授知识，又要培养能力，则必须讲练结合。此外，语文教学方法还要受到语文学科性质、语文教学内容以及学生年龄和心理特征等多种因素的制约。所以说，语文教学方法具有较强的依存性，不能主观随意地盲目设计和使用。但是，与此同时，语文教学方法又具有较大的变通性。它的依存性并不能限制它的灵活变通。不同的情态可能采用相同的方法，相同的情态也可以运用不同的方法。比如，各类文体教学都可以采用讲练结合的教法。又如，传授知识，既可讲授，也可讲读议多种方法综合运用，即使是只用讲的方法，也有是用启发式还是用注入式的高下优劣之分。这种变通性就是"弹性"。语文教学方法的"弹性"特征，说明"教无定法"，要求教师设计和运用时采取相应的灵活态度，不拘一格，不遵一法，学会变通，善于权变。

2.语文教学方法具有多样性和综合性

这是从它的表现形式来说的。语文学科性质的综合性，语文教学内容的丰富性，语文教学过程中师生相互联系活动形式的多样性，以及语文教学方法自身的变通性，决定了语文教学方法具有多样性。比如，语文学科内涵丰富多彩，语文教学方法也就绚丽多姿。识字、释词、析句、习篇可有多种教法，语法、修辞、逻辑、文学知识可有多种学法；听、说、读、写各种能力，各有各的训练方法。记叙、说明、议论、应用各类文章，各有各的讲法、读法和写法。而多样化的教学方法的交织使用，势必形成语文教学方法的综合性。实践证明，任何一种教学方法都有它的长处和优越性，也有它的短处和局限性，叫作"尺有所短，寸有所长"；哪怕是再好的教学方法也不是"万应灵丹"，包治百病；各种教学方法各有其长，各得其用。因此，语文教学中决不能单打一地只使用某一种具体方法。比如一堂新授课，光讲不行，还要读，可能还要议和练；即使是讲，也不能只用讲述法，还要交错运用讲解法、讲析法乃至于串讲法、评点法等。所以，在语文教学中，以某种方法为主、其他方法为辅、多种教学方法交错使用的情况是常见的，这也是语文教学方法综合性的特点所决定的。

3. 语文教学方法具有继承性和创造性

这是从它的发展变化来说的。"不愤不启，不悱不发。举一隅不以三隅反，则不复也。"这种举一反三的启发式教学法构想，是两千多年前孔子首倡，至今仍然具有强大的生命力。至于吟诵涵咏、口诵心惟、熟读精思、旁推交通之类传统教法，已经影响了并且继续影响着我国一代又一代语文教学。由此可见，语文教学方法既不是从天上掉下来的，也不是人们的头脑里所固有的，而是从历史的沃土中生长出来的。历史是无法割断的。试想，谁能够在现代语文教学中完全排除古人和前人创造出来的教学方法呢？语文教学方法具有历史继承性，这是不言而喻的。

但是继承传统决不等于故步自封。任何事物都在不断地发展变化，停止发展也就会丧失生命力，语文教学方法同样如此，总要在继承的基础上创新。仅以阅读教学方法为例，从古到今、从传统教法到现代教法，它就经历了"串讲法、诵读法、评点法、讲读法、分析法、谈话法、精讲多练法、讲读法、读书先导法"这样一条发展轨迹，不时发展变化，推陈出新。

这种"出新"包含三个层次。一是新的组合，那就是将现有的具体单个的教学方法经过科学的排列组合，形成一种新的教学方法，比如读写结合法；二是新的引进，也就是从外国外地移植一些先进教法，结合本地教学实际，进行消化、推广，比如情境教学法、五步读书法等；三是新的创造，也就是总结自己和他人的丰富教学经验，遵照教育教学原理，结合实际，别出心裁地设计创造出一种新的教学方法来，比如"读、划、批、写"教学法等。教学方法的设计和使用，既是一种技术，更是一种艺术，特别需要避短扬长，推陈出新，发挥创造性。

　　概括地讲，上述语文教学方法的三大特征，体现了语文教学方法本身的三对儿辩证关系。正确地处理好这三组对立统一的矛盾，也就可以整体把握语文教学方法的本质。

　　(三) 语文教学方法的分类

　　语文教学方法到底有哪几种？这就牵涉到一个教学方法分类的问题。而这个问题，长期以来，言人人殊，见仁见智。

　　达尼洛夫、计叶希波夫则分为这样三类："保证学生积极地感知和理解新教材的教学方法；巩固和提高知识、技能和技巧的教学方法；学生知识、技能、技巧的检查。"

　　而有人则把教学方法划分为三个相互联结的层级：第一层级，包括以语言文字为传递媒介、以传递知识为主的五种基本方法，即讲授法、谈话法、读书指导法、练习法、检查法。第二层级，以实物为媒介，除传递知识以外，具有培养实际技能、操作能力的功能，即演示法、实验法、参观法、实习作业法、课堂讨论法等。第三层级的教学方法是新的综合的方法。

　　教学方法的分类是多视角、多层次的。

　　对语文教学方法的分类，既要借鉴普通教学方法分类法的原理，又要依据语文学科教学自身的特点，还要顾及语文教学方法的历史和现状，集中起来，就是要确立一个能够反映语文学科特点、便于区分的划分标准。

　　这个标准，可以由以下几个方面组成：第一，从教学论来看，语文教学方法作为一种教学手段，它主要采用的活动形式；第二，从信息论来看，作为一种传递信息的通道（信道），它主要凭借的传递媒介（传媒）；第三，从生理学来看，作为一种外部刺激，它主要作用于生理感官；第四，从心理学来看，作为一种心理调节方式，它主要调节于心理机能。根据这种划分标准，语文教学方法可以分为四类：

第一类，运用语言的方法，包括讲述法、讲解法、评析法、串讲法、评点法、谈话法、问答法、商议法、讨论法、默读法、朗读法、背诵法、吟诵法、复述法等。它主要采用讲、议、读的活动形式，凭借语言符号这种传媒，刺激人的言语器官，主要促进学生的记忆和理解。

第二类，直观感知的方法，包括观察法、观摩法、参观法、演示法等。它主要采用看和听的活动形式，凭借模型、实物和图像等传媒，刺激人的感觉器官，主要强化学生的感知。

第三类，实际操作的方法，包括提纲法、抄摘法、作业法、作文法等。它主要采用动手做的活动形式，凭借人的肢躯等传媒，刺激人的效应（运动）器官，主要训练学生对知识的应用技能。

第四类，综合交错的方法，比如板书图示法、讲练结合法、读写结合法等。它采用多种（两种或两种以上）活动形式，凭借多种传媒，刺激多种生理感官，多方面调节学生的心理机能，发挥多种语文教学效应。

（四）语文教学方法的优化

谈到语文教学方法，必然论及语文教学方法的优化。按照巴班斯基的观点教学最优化的基本办法，即既能提高教学质量，又能节省时间和精力的那些做法。对教师的教来说，是"选择能有效地解决相应任务的组织学习、刺激学习和检查学习的方法和手段"；对学生的学来说，"在学习中合理地自我组织、自我砥砺、自我检查"。语文教学方法究竟如何优化？近几年来，我国语文教育专家学者对此进行了专门研究，推出了一套套方案，亮出了一个个标准。比如有的认为，语文教学方法的优化至少应包括这样四项内容：一是提高教学方法改革的自觉性，二是加强教学方法研究的科学性，三是注意教学方法运用的灵活性，四是提倡教学方法的多样化。有的则提出了判断教学方法是否优化的四条标准：一看时间效应，即运用这种教学方法，时间上是否经济；二看质量效应，即运用这种教学方法，质量上是否能够保证；三看心理效应，即运用这种教学方法，是否符合学生心理发展过程；四看社会效应，即运用这种教学方法，社会效果是否好。所有这些观点和主张都能给人以启迪，具有理论价值和现实意义。

语文教学方法的优化，对于语文教师来说，应当努力做到：科学选用，巧妙组合，刻意出新，自成体系。这四句话，既是四项教学要求，也是依次递进、逐步上升的四个发展阶段、四种教学境界。

科学选用是基础，也是优化教学方法的基本要求。选择运用教学方法，必须依据正确的教学思想、既定的教学目的、学科的性质、教学的内容、学生的特点以及教学环境的状况，并且做到课时少而效果好，尽量提高单位时间的教学效益。概括地说，就是必须符合语文教学的规律和教学过程最优化的原理。这是科学性的要求。

巧妙组合讲变化，在科学性的基础上讲究灵活性，能够将不同的方法巧妙地排列组合，使之更好地为完成教学任务、提高教学质量服务。刻意出新求发展，对原有的、常规的教学方法进行分析评价，汰选扬弃，通过引进改造和更新换代，创造出新颖的教学方法来。

自成体系日臻完善，要求语文教师在长期的教学实践和艰苦的教改探索过程中逐步形成一套自己的教学方法体系。事实上，每个教师在毕生的教学实践中都可能形成一套自己习用的教学方法，问题是这套方法是否成为完善的体系。而体系的完善性，就是科学性、灵活性和创造性的总和。

二、语文教学方法的基本形式

语文教学要建构起常规教学方法系统。这个常规语文教学方法系统，主要是由讲授、诵读、议论、练习、观察五个大类的几十种具体教学方法构成的。

（一）讲授法

讲，是语文教学最基本的方法，既是传统的，又是现代的。

张志公先生说得好："所谓启发式，是教学用的一个术语，指的就是采取这种启发的办法进行教学，来代替完完全全的由教师来讲，学生完完全全被动地来听的这种方式。……可是我们万万不能从这里得出来教师不能讲，教师一讲，或者教师讲得多一些，就是满堂灌了，不能得出这样一个结论。教师就是要讲，得会讲，得善于讲，得讲得好，讲不等于灌。"苏霍姆林斯基也曾强调："教师的言语是一种什么也代替不了的影响学生心灵的工具。"所以说，讲授的方法在语文教学中占有重要的甚至是首要的地位。

语文教学的讲授法是一个大的门类，包含下述主要的具体教学方法：

（1）讲述法关键在"述"。教师采用叙述和说明的方式来讲授语文知识。它以班级学生为对象，充分发挥教师的主导作用，在较短的时间内集中传授密集的书本知识，保证知识传授的系统性、完整性和深刻性。一般用来介绍作者和时代背景和叙述课文内容，描摹情境气氛，阐发中心思想，总结写作特点等。

它纵贯教学全过程，横穿各类文体教学，是各种教学方法中使用频率较高的一种方法。教师要吃透教材，掌握精髓，把最能体现内在规律性的知识教给学生，做到"少而精"；突出重点，突破难点，围绕教学目的，集中讲述必要的知识，不致旁逸斜出，横生枝节；要语言精练，讲述生动，尽量运用语言以及表情、手势等体态吸引学生，感染学生；要启发诱导，双边协同，充分调动学生感知、思维等多种心理机能，把教师讲述和学生讲述结合起来。

（2）讲解法关键是"解"。教师采用解说和诠释的方式来讲授语文知识。这是一种释疑解惑、点到为止的教学方法。主要用于解释字词，串解难句，解说概念史实典故，诠释名物典章制度等。运用讲解法，要保证准确性，有根有据；要具有明晰性，解说清楚，表述中肯，不能模棱两可，含混不清；要富于针对性，哪些要解说，哪些是诠释，事先心中有底，课上有的放矢，解学生之所惑，释学生之所疑，讲学生之所需。

讲述法和讲解法都是讲授法，实际教学中，要彼此配合，相互作用。

（3）评析法。教师采用评价、分析的方式来讲授语文知识。主要用来剖析课文内容、评论写作特点、讲评作业等。教师运用理论思维对语文教学内容进行判断、推理分析、综合，归纳、演绎，从而引导学生加深领会，提高认识，由初步感知教材到深入理解知识。采用评析法，既要精当，有的放矢，切中肯綮，要言不烦，一语破的，又要实在，有感而发，言之有物。

（4）串讲法。这是一种古文教法，也适用于某些艰深语体文的教学。它依照篇章结构顺序，逐段逐层乃至于逐句逐字地重点讲解，串通文意。串，就是贯串、连接，用以疏通语句文意，讲，就是解字释词。串讲的步骤一般是：读—讲—串。读一段（句），讲一段（句），然后贯通文意。串讲法适用于教学内容深奥，文字艰深的课文，特别是有利于文言文教学。正如古人所云："每句先逐字训之，然后通解一句之意，又通解一章之意，相接续作去。明理演文，一举两得。"运用串讲法，并非每字每句都要详加讲解，而应突出重点、难点。重点一般指思想内容或写作技巧方面在全篇中处于关键地位或者是有特点的句段。难点可以是：没有注释而又难于理解的，或读了课文注释仍难理解的，或可能有歧义、有多种解释的字词句段，涉及社会历史背景和名物典章制度的内容，表述含蓄深奥甚至晦涩难懂的地方。

（5）评点法也是一种古文教法。评，指品评；点，指圈点。评点就是对文章写作方法和思想内容加以品评圈点，指出其突出之处，比如，指点炼字遣词的精当，品评修辞表达的巧妙，赞赏立意谋篇的奇特等，有时也对重点字词或关键词语做些注解。古人读书评点重在圈点，并各自设计了圈点标记办法，比如南宋朱熹有《读书分期标记法》、明代归震川有《史记圈识凡例》等；今人阅读评点重在品评。评点时一般是逐句评点，逐段小结。运用评点法，要言不烦，明白准确；注重写法，兼及内容；抓住关键，设问置疑。

（二）诵读法

读，也是语文教学的基本方法。此法创设历史久远。古称"讽诵"。最早见于《周礼》。郑玄注释："倍文曰讽；以声节之曰诵。"讽，"背文"，即背诵；诵，"以声节之"，就是朗诵。时至朱熹，倍加强调："大凡读书，须是熟读，熟读了自然精熟，精熟后理自见得。"

诵读法就是通过反复诵读，疏通文字，体会感情，理解内容，同时培养语感，积累语言材料，训练读书技巧，增强语言的感受力和记忆力，提高语文素养。诵读包括朗读、背诵、吟诵等具体教学方法。

朗读就是把书面语言转化为响亮的口头语言。这是一种眼、口、耳、脑等多种生理机能共同参与、协调动作的阅读。它能增强语感，训练语音，再现课文情境，加深课文理解，培养学生的记忆力、语言感受力和口头表达能力。朗读的要求：一是准确，做到语音正确，语句完整，句读分明，停顿合理，不哼读，不唱读，不拖泥带水读，"须要读得字字响亮，可误二字，不可少一字，不可多一字，不可倒一字，不可牵强附记，只要多诵遍数，自然上口，久远不忘"。二是流畅，读得连贯流利，恰当把握语调和语气，体现抑扬顿挫、轻重缓急。三是传神，也就是有感情地读，熟练地运用语音和表情，表达出文章的风格神采。

"可是在目前的语文教学里，大多数还没做到好好地读。有很多地区，小学里读语文课本还是一字一拍的，这根本不成语言。中学里也往往不注意读，随口念一遍，就是读了，发音不讲究，语调不揣摩，更不用说表出逻辑关系，传出神情意态了。这是不能容忍的。读得马虎，就减低了语文教学的效果，哪怕你旁的方面做得相当好。"叶圣陶先生早在1955年就批评指出，语文教学应当从根本上改变不好好读书的局面，要运用多方式进行朗读教学。首先，要加强教师的范读（或播放优美录音）为学生树立样板，并以此为手段，帮助学生深入体会课文的情感意蕴，增强教学效果。其次，要交替使用散读（自由读）、弃读、个读、引读、跟读、伴读、轮读、对读、指名读、分角色读、表演性读等方式，经常性地进行专门指导，授之以法，从严训练，形成敢于和乐于高声而有感情地朗读的风气和习惯，使学生真的学会读书。

背诵法凭借记忆念出读过的文章词句，是在理解的基础上熟读而成。背诵有助于积累丰富的语言材料，模仿名家名篇行文说话，提高语文素养，所谓"熟读唐诗三百首，不会作诗也会吟"便是这个意思；背诵还是语文教学中的一种"记忆力体操"，长期适度训练，可以强化并开发学生的记忆力。但是不能把死记呆背和背诵法简单地等同起来。

运用背诵法教学必须注意：一要坚持数量要求，每个学期必须要求学生背诵一定数量的诗文选段。二要精选背诵材料，所背诗文，或是名家名篇，或是典范段落和精彩片段。三要加强方法指导，提示所背文章脉络或关键词语，作为记忆的"支点"，帮助考生较快理解所背内容。

吟诵法，一种古老的诵读方法。它用唱歌似的声调来诵读作品，以声入情，因声求义，以此感受作品的思想内容和韵味情调。包括两种方式：一种是按一定曲调唱，又叫吟唱、吟咏、吟哦、吟讽，适用于律诗、绝句、词、赋等抒情性强的古典文学作品；另一种曲调感不强，诵读成分较多，听起来朗朗上口，连贯流畅，又叫吟读、朗吟、讽诵，适用于读长篇歌行体诗、古代散文中叙事性强的文学作品。运用吟诵法，既要深刻把握作品意境，使吟唱腔调与作品内涵协调一致，又要掌握一些吟诵的基本技巧。

（三）议论法

议，语文教学基本方法之一，是通过师生之间回答问题或者展开讨论来完成语文教学任务的教学方法。它本是一种古老的教学方法，一部《论语》，就是孔子与其弟子门生的讲谈录。古希腊大哲学家苏格拉底在论辩中运用问答法，通过巧妙的诘问，引导对方承认自己的观点是错误的，所谈的是自相矛盾的，并将这种谈话法称为"助产术"。

议论法以问、答、议、论为主要表现形式，使学生有较多的质疑问难、发表见解的机会，有利于激发学生的学习热情，发挥其主观能动性，促进和发展他们的积极思维，养成敏捷思考、迅速作答的习惯和能力，同时有利于提高口头语言表达能力。议论法主要包括谈话、讨论等具体方法。

谈话法也叫"提问法"。由教师提出一些问题，引导学生积极思考，得出正确答案。这种教师提问、学生作答的对讲形式，就像日常生活中的谈话，故称谈话法。谈话的过程实际上就是启发学生分析问题、解决问题的过程。

有效地运用谈话法，关键在于教师如何设计提问和组织问答。一是谈话设计的整体性。对于提问、作答要做通盘思考，整体设计，不要"东一榔头，西一棒子"，零打碎敲，使教学失去系统性和条理性。二是谈话设计的启发性。设计提问要有利于开拓学生思路，引导他们积极思维。既不过浅过易，保持一定的思维力度，又要让学生"跳起来摘果子"，通过努力可以达到，同时还要顾及全班，所提问题难易搭配，使各种水平层次的学生都有答问的机会和能力，用以调动全体学生的学习热情。三是谈话设计的艺术性。要善于设疑、引趣，巧于曲问、点拨，还要注意教态和蔼亲切，坚持诱导激励，造成一个融洽生动的谈话氛围。谈话法的最大特点，就是充分发动学生既质疑问难又释疑解惑，便于充分发挥学生的学习主体作用。教师必须真正吃透教材，牢固把握教学重点，精心设计教学步骤，善于驾驭课堂，做得活而不乱，游刃有余。

讨论法也称课堂讨论法，问题讨论法。是在教师精心运作下，以集体（小组或全班）的组织形式，围绕某一教学要点或专题，展开议论甚至争辩，从而获得知识、开发智力的一种教学方法。

讨论法的形式多种多样。从组织形式分，有同桌对话、小组活动、全班讨论等。从讨论内容分则有：质疑问难，可用于文字艰涩、内涵深邃作品的释疑解难，心得交流，适用于课内外读写心得交流；专题评述，多用于评述文学作品，也可用于评析同学作文，进行作文集体讲评、问题辩论等。

运用讨论法，必须注意：一要充分准备，选好论题，明确要求，妥善安排，指导学生做好参阅资料、起草发言提纲等项准备工作；二要严密组织，加强宏观调控，引导学生踊跃发表意见，围绕中心进行；三要认真总结，从中得到提高，收到实效，不能虎头蛇尾，有始无终。

（四）练习法

练，也是语文教学的基本方法。这是教师指导学生反复训练、将知识转化为技能的一种教学方法，孔子要求"学而时习之"，夸美纽斯则明确指出："一切语文从实践去学习比用规则学习来得容易。这是指的听、读、重读、抄写，用手用舌头去练习，在可能的范围以内，尽量时时这样去做。"练习法的最大功能就是使学生运用学过的知识，投入听说读写的各项实践，促使知识迁移，形成必要的语文技能和熟练技巧。

练习的方式方法很多。既有课堂练习，又有课外作业；既有单项训练，又有综合训练；既有书面作业，又有口头练习。练习主要有复述、提纲、抄摘、作业等。

（1）复述法是以课文为依据，根据理解和回忆，用自己的语言叙述课文内容的练习方法。能够促使学生熟悉课文，理解课文，锻炼和培养理解、记忆、概括、想象和口头表达等多种能力。复述方式很多：简要复述，以简明的语言，扼要叙述主要内容，一般用于检查预习或复述长篇课文，可以训练学生的概括能力；详细复述，包括复述课文基本内容和重要词句，多用于低年级或短文教学；摘要复述，摘取课文中的重点部分或精彩段落等，复述可详可略；创造性复述，以原文为依托，展开合理想象，进行必要的创造性描述。运用复述法，应当指导学生恰当地运用课文中的语言和自己的语言，正确而有选择地表述课文内容。复述前要明确要求，让学生准备充分；复述中要启发鼓励，使学生正常发挥；复述后要总结讲评。

（2）提纲法是用准确、简明的语言扼要概括课文内容并揭示其内在联系的教学方法。可以帮助学生深入理解课文，受到语言和逻辑思维能力的训练。编列提纲类型繁多：从内容分，有段落结构提纲、情节线索提纲、人物描写（或评价）提纲、景物（环境）描写提纲、论点论据提纲、说明顺序提纲等；从形式分，有条文式提纲、表解式提纲、表格式提纲、图示式提纲、词句辑录式提纲、综合式提纲等；从范围分，有全篇提纲、段落提纲、片段提纲等；从作用分，有预习提纲、分析提纲、板书提纲、练习提纲等；从繁简分，有详细提纲、简单提纲。编列提纲的步骤是：首先，将课文内容划分段落层次；然后，用简明扼要的词语概括每个段落层次的内容；最后，按照一定的逻辑顺序，将这些概括性词语正确地排列组合起来。提纲可以师生共同编列，也可由学生单独编拟；可在课内讲习、练习时结合教读进行，也可在课内外自读时进行，还可作为课外预习、复习的作业安排。

（3）抄摘法，也叫摘记、摘抄。是有选择而又扼要地抄写摘录的一种练习。抄摘实际上就是抄读。"抄读就是边抄边读。前人治学，重视抄读，他们认为抄读的益处不仅在于积累资料，而且还有促进注意和强化记忆的效果。"抄摘种类也不少。从范围分，有全文（多是短篇）抄录、片段摘要、语句摘抄、词语抄写等；从内容分，有精美诗文抄录、优美描写摘要、名言警句摘抄、重要词语抄写；从形式分，有课堂笔记、课后作业、课外读书笔记等。指导学生运用抄摘法，一要养成随手抄摘、工整书写的习惯；二要多读多抄、边抄摘边思考；三是组织全班性抄摘活动，如由学生在黑板上开辟"名言角""每日一句"等专栏，举行班级抄摘比赛等；四是要求学生设计并开展各种课外抄摘活动，如做名言警句书签、编图文并茂的文萃册等。

（4）作业法指教师为了巩固、深化和提高教学效果而给学生布置学习任务，要求学生限时完成的一种教学方法。作业一般在教完新课后集中进行，可在课内，也可在课外，和其他教学方法交叉进行。它的形式多种多样。从表达形式分，有口头作业、书面作业；从训练方式分，有朗读、背诵、复述、听写、抄写、组词、造句、解释词语、分析句子、编列提纲、回答课文内容或形式方面的问题等。运用作业法，要加强科学性，讲求实效。

（五）观察法

它是教师指导学生运用自己的视听器官，直接感知客观事物，增强感性认识的直观教学方法。一般来说，人主要靠视听觉摄取信息。实验表明，人的各种感官所获知识的比例，视听共占94%，而其中视觉占83%。观察是人的智力活动的起始，是人认识世界、将物象转化为表象的桥梁。

苏霍姆林斯基指出："从观察中不仅可以汲取知识，而且知识在观察中可以浮现起来，知识借助观察而进入周转，像工具在劳动中得到那样。如果说复习是学习之母，那么观察就是思考和识记知识之母。一个有观察力的学生，绝不会是学业成绩落后或者文理不通的学生。"

观察法包括观摩、演示、参观等具体方法。

（1）观摩法即组织学生观看利用幻灯、投影、电视录像、教学电影等电教媒体展现的与教学有关的内容，从而增强感性体验，深入理解教材内容的一种方法。比如：结合学习课文《祝福》，观摩电影《祝福》；结合学习《林黛玉进贾府》，观看《红楼梦》电视录像片段；结合学习《天山景物记》，观摩有关天山风光的幻灯片等。运用观摩法，一是要求教师学会操作一般电化教具，并学做教学幻灯、投影片；二要认真组织和指导学生观摩，做到事前明确要求，观摩过程中插入解说指导，事后进行讨论和总结，使观摩的过程成为一个完整的教学过程。

（2）演示法指利用教学卡片、挂图、实物、标本和模型等教具辅助教学的一种方法。运用演示法，特别注意教具出示和收取的适时性，要紧密配合教学需要，指导学生及时细致观察，不能顾此失彼，分散学生注意力。

（3）参观法配合教学概要，组织学生到一定场所参观访问，以增加感性认识，深化对课文的理解，获取作文素材的一种方法。比如结合教读《荷塘月色》参观校园荷塘；结合教读《中国石拱桥》等说明建筑物的课文参观当地的建筑物；结合教读山水游记课文，组织郊游并指导写作游记；等等。运用参观法，一要确定参观目的，制订参观计划，明确参观要求；二要严密组织，具体指导，要求学生做好参观记录；三要指导学生整理参观笔记，组织讨论、座谈，写观后感或预定的有关作文，把感性认识上升到理性认识。

第二节　语文教学方法的变革

一、语文教学方法的创新

创新，是语文教学方法变革的重要途径。广大语文教师把握改革开放的大好时机，充分施展自己的创造才华，推出了一批语文教学的新方法。下面择要介绍其中几种。

(一) 自学指导法

也称自学法，自学辅导法，是教师指导学生自学获取语文知识、培养语文能力的一种教学方法。这种教学方法的创新和推行，是以"学生为主体，教师为主导"教学思想的重要体现。学生根据教师规定的教材或自学材料、指定的作业，自己阅读或做习题，教师适当指导、答疑和小结。这种方法适用于小学三年级以上的学生。优点是，以学生自学为主，注重培养学生的自学能力和自学习惯，有利于创造型人才的培养。弱点是，基础差的学生常常力不胜任，如果指导不力则容易使教学放任自流。

它有各种不同的方式：一是划块式，即在一节课以内，划出一块时间，用于学生自学和教师指导自学。二是整堂式，即用整整一堂课的时间，专门用于学生自学和教师指导自学。三是课外式，即在正课结束后，规定一个时间，指导学生自学，一般以学习吃力的学生为对象，也有全体学生都参加的。

运用自学指导法，必须注意：一要明确学习的目的和要求，结合自学内容提出激发学生学习兴趣的思考题和练习题，让学生心中有数，带着问题自学；二要指出自学内容的重点和难点，指明自学的步骤和方法；三要给学生提示或提供参读材料或自学手段，帮助他们自行解决学习中的问题；四要进行巡视指导，对于自学吃力的学生还要有重点地进行个别辅导，细致观察和掌握学生自学情况，及时解决需要教师指导的问题；五要创设良好的自学环境和条件，让学生专心自学，提高自学效率；六要检查总结自学情况，肯定学生自学的成果，解决学生自学中的疑难问题，不断提高学生的自学质量。而关键在于教给学生自学的步骤和方法。比如魏书生老师总结了"四遍八步读书法"：一遍跳读（记梗概、记主要人物），二遍速读（复述内容、理清思路），三遍细读（掌握字词句、圈点摘要、归纳中心），四遍深读（分析写作特点）。自学指导法正在全国范围内逐步推行，有着广阔的发展前景。

（二）读写结合法

它就是从读学写，以写促读，读写结合，实现读写水乳交融齐步发展目标的教学方法。影响最大并自成体系的要数广东省潮州市小学特级教师丁有宽。他经过八轮教改实验，逐步创设了"以记叙文为主体的读写结合五步系列训练法"。针对过去语文教学模模糊糊一大片的弊端，提出"杂中求精，打好基础，乱中求序，分步训练，华中求实，突出重点，死中求活，教给规律"的教学思想和教学方法，运用心理学、工程学、系统论等科学理论，指导学生读写结合，反复训练，开设"15分钟观察口头表达课""寻美作文课"等多种特殊训练课程；在四、五年级学生中提倡自学自得、自拟标题、自改作文，甚至取消传统的专门的作文课，而把大量的写作片段训练和综合训练糅合在阅读教学之中。

（三）比较教学法

这是把两种或两种以上的语文因素集中起来，进行比较、分析，探寻法律，加深理解的一种教学方法。我国著名幼儿教育家陈鹤琴先生曾经将它用于幼儿教育，将两种相近的物体让孩子进行区别，分清其特征属性，使孩子对所学事物认识正确，印象深刻，记忆持久，在幼儿园的教学中起着重要的作用。而作为一种语文教学的具体方法，它的兴起、推广和逐步定型还是近几年的事。运用比较法进行语文教学，可以使学生明了知识构成规律，系统巩固所学知识，并培养举一反三、触类旁通的自学能力。

比较的方式主要有四种：一是横比，即两个或两个以上同类的语文因素相比，比如字词句篇，主题、题材、手法，人物、事物各自之间的相互比较。二是纵比，即同一语文因素的前后发展变化相比，比如词的本义与引申义，古今语法特点，课文修改前后的比较。像教《藤野先生》，用原句"从此就看见许多新的先生，听到许多新的讲义"比较改定句"从此就看见许多陌生的先生，听到许多新鲜的讲义"，就发现作者遣词造句的准确、精当。三是对比，即将相对或相反的语文因素进行比较，比如同义词与反义词、对偶句、对立人物形象、相对写作方法之间的比较。四是类比，即用同类的两个语文因素中的通俗易懂的一个来与另一个相比，实际上是进行类比推理。

比较的类型大致有两种：一是求同比较，对相同或相似的语文因素，通过横比或类比寻找共同的规律。二是求异比较，对同类而不同特点的语文因素，通过对比或纵比，区分差异。

比较教学法运用的途径主要有四条：一是新旧联系。学习新知识，启发学生联系旧知识，从旧知识中寻找比较对象。二是设问求比。教师根据教学需要提出问题，要求学生围绕问题去收集课内外语文材料，寻找比较点。三是单元教学。一次学习几篇同类课文，启发学生认识它们之间的联系与区别，确定比较点。四是对比讲评。学生作文之后，以学生作文为例，展示同一题目不同写法，引导学生比较分析。

（四）得得教学法

简称"得得法"，也称"一课一得，得得相连"。所谓"得"是指教学必须使学生有所得，不仅要使学生学懂，而且要学生学会。整个教学过程是教一点儿，学一点儿，懂一点儿，会一点儿；只有懂了、会了，才算是"得"了。一篇课文在为训练点服务时，教学全过程大致分为三个阶段：一是自学预习阶段。先由教师做自学启发，然后由学生自学，再由教师着重提示课本中作为例子的部分，为突出训练点的要求做准备。二是逐点落实阶段。教师突出训练点的具体要求，引导学生精读、深入钻研并解剖范例，进行单项训练，落实一"得"。三是读写结合阶段，学生在剖析范例后进行写作的模仿和创造。上述三个阶段形成一条"综合（课文）—单一（举例训练）—综合（作文）"的完整的思维链。"得得法"本是一种教学体系，并非一种具体的教学方法；但是，这种"一课一得，积小得为大得"的语文教改精神，贯彻到广大的面上，不少教师已将"一课一得"作为一种独立使用的具体教学方法。

（五）情境教学法

根据课文内容和教学要求，运用各种教学手段，创设适合于学生学习语文的生动情境，使学生入境会意，触景生情，从而加深理解，学习语言，开发智力，陶冶情操。情境教学法，作为一种具体的教学方法，已在全国各地逐步推开。

运用情境教学法，关键是创设一个语文教学的生动情境，主要方式有两种：

第一，模拟情境。一般是通过图画、照片、音乐、文学语言、电化教具等教学手段，再现教材提供的情境。根据儿童思维与注意的特点，模拟的情境要具有形象性和生动性，可以通过五种途径模拟情境，即以生活显示情境，以图画再现情境，以音乐渲染情境，以语言描述情境，以扮演角色体会情境。五种途径，可以从中选用一种，也可综合使用几种，最终都要落实到语言学习上。比如教《周总理，你在哪里?》，可以播放配乐诗朗诵，教师范读并采用多种读法，引导学生反复朗读，使学生既深刻理解课文内容，又进行语言训练。

第二，选取情境。阅读教学，可以借助电教手段配合课堂教学，比如结合课文放映有关的幻灯、投影、录像和教学电影，使学生如闻其声、如见其人、如临其境；作文教学，可以带学生走出课堂，实地观察，开阔视野，丰富素材。

运用情境法，一要因文设境，不同文体、不同课文创设不同的情境；二要随机取境，尽量做到因陋就简，就地取材；三要情智交融，创设情境的根本目的还是为了更好地完成语文教学的任务，通过情境教学要使学生更好地学习知识，开发智力，陶冶情操，而不是为情境而情境，走向趣味主义。

要进入学习情境，必须进行情境诱导，情境教学法就是使学生在教师的作用下完成学习过程。因此，教师教学中要注意以下几个方面：

1. 施教的趣味性

兴趣是推动学生学习的直接动力，兴趣的主要职能就是使学生把学习化作自己的动力和需要。"知之者不如好之者，好之者不如乐之者"，这是古代教育家孔子的经验之谈；"所有智力方面的工作都要依赖于兴趣"，这是现代心理学之父皮亚杰的著名论断。教学实践证明，激发学生在思考探索的过程中体验到乐趣，感受到兴奋和激动，是提高教学成果的捷径。而要使学生对学习产生兴趣，教师就要把课讲得情感横溢，趣味盎然，生动活泼。趣味性，是情境教学法的重要内涵之一。语文教师要千方百计把课上得有味，讲得有趣，让学生在活泼的气氛中，在愉悦的心境里，在轻松的环境下去学习，去探索，品味到语文课的甘甜与芬芳。如要求背诵古典诗词，每次早读一首，日积月累，以提高学生的文学修养和兴趣，每堂课设计引人入胜的导语，一开始就紧紧吸引住学生。有很多行之有效的方法，常用的有直观演示、开拓想象、抓点拎线、形成悬念、展现意境、激发情感、讨论答辩等。这样的方法克服了学生厌倦消极的心理状态，促使学生以极大的热情投入语文学习的天地，提高学习的积极性，激发了求知的兴趣。

2. 求学的主动性

"'教'不是'统治'，不能代替'学'，而是启发学生'学'，引导学生'学'。语文教学应该把立足点'从从教出发转移到从学出发'。"教学过程是开发学生智力、培养学生能力的发展变化过程，教学的对象是充满情感和个性各异的活生生的人，教学的目的只有通过学习者本身的积极参与、内化、吸收才能实现。学生是学习活动的主体，学生能否主动参与，成为教学成败的关键。情境教学法的目标就是为了提高学生的学习兴趣，开启学生思维之门，培养学生积极主动的学习态度。常言道：好的开始等于成功的一半。激发学生的学习动机，多在导入新课时进行。此时或确定学习重点，让学生有一个目标；或者介绍学习方法，使学生前进有路；或导入有术，令学生进入情境。情境教学法十分讲究和重视这一环节的设计。根据不同的教材，针对不同的对象，采用不同的导语。常用的方式有问题悬念式、诗词曲赋式、格言警句式、故事传说式、温故入新式、解题式、练习式、知识式等。学生的学习动机被激起后，无论是好奇、新鲜，还是情感、关注的需求，都形成了一种努力探求的力量，促使学生积极参与到学习活动之中，成为学习的主人。培养学生的参与意识，是教学民主的具体体现，它能给学生尊重感、信任感、理解感。学生在主动参与的内驱力推动下，为求知而乐，为探求而兴奋、激动，到达了一个比教学预期目标还要广阔的境界，体验到成功的乐趣，得到一种精神的享受。变"要我学"为"我要学"，学习成为一种自我需要，学习动机更为稳定和强化。情境教学法使学生在愉快的学习情境中产生学习动机，教师全力创造适于学生潜力发挥的条件，让学生全体参与、主动参与。诚如是，那么在语文教学的舞台上，定能演出有声有色的话剧来。

3.情知的对称性

语文教学的过程既是一个认识过程，即智力因素活动过程，还伴有一个意向过程，即非智力因素活动过程。语文是培养学生优美的情感素质与优秀的智慧素质的重要课程。在这门课程中，既有一个完整的认识结构，还有一个极丰富的情感世界。情境教学法就是把这两个方面紧密地结合在一起，不仅仅把语文作为工具性的学科，只追求知性目标，还让它成为培养品格与智能双向发展的载体。情境教学法要在循文、析像、悟理的过程中领情、注情、传情，充分运用情感在认知过程中的特殊功能，从学生的学习需要出发，根据教学目的创设教学情境，提供具体的场景或氛围。当学生置身其中，"物色之动，心亦摇焉"，所以"登山则情满于山，观海则意溢于海"。在教学情境中，学生与情境之间发生种种信息交流，加强听说读写的全面训练，努力使语感训练、文感训练、情感训练、智能训练协同发展，全面完成传授知识、发展智力、培养能力、陶冶性情的教学任务。情知对称，经过长期的探寻和实验，"每个情感目标都伴随着一个认识目标"，"你中有我，我中有你"，一石二鸟，一举两得，达到了理性（认识）与非理性（情感）的高度默契，实现了教书育人的统一。

情境教学法建构起以"情境"为主体、以"情感"为中心的教学框架，以"趣味"动其心，以"情知"移其意，引导学生主动参与，以发展智能为终极目标。在"爱"的氛围中，在"美"的情境里，在"情"的感染下，活化学习动机，开启心智，陶冶情操，使学生不断获得成功的快乐，对于提高教学效率，进行审美教育都具有重要作用。

（六）思路教学法

叶圣陶先生指出："作者思有路，遵路识斯真。""看整篇文章，要看明白作者的思路。思想是有一条路的，一句一句，一段一段，都是有路的。这条路，好文章的作者是决不乱走的。"思路就是作者写作时的思维过程，它外化为文章的结构线索。教师根据作者的思维过程和文章的结构线索，指导学生分清段落层次，把握文章结构，概括思想内容，体会作者思维逻辑性，进而学会独立阅读、分析的教学方法，就是思路教学法。

思路不同，思想境界就不同。所谓"思想境界"是指文章中作者立意所达到的高度（指中心思想或主题思想），具有阶级性和政治思想倾向性，而思路则是作者的逻辑思维通过一定的语言文字的表达，体现思维的条理性。思路有别于语感。所谓"语感"是读者对作品中具体的语言文字的一种敏锐的感受，并非对文章整体结构层次的理解。思路教学要注意思路"接通"，也就是把作者所写文章的思路、教师教学的思路和学生学习的思路三者统一起来，让学生能理解文章的思路。"接通"的关键在教师，教师的教学思路是联系其他两种思路的桥梁和纽带，所以教师教学时必须吃透两头，一头是文章思路，一头是学生思路。通过深入钻研教材，精心设计教学，运用各种切实可行的教学方法，把两者"接通"，使学生正确理解文章结构和内容。

思路教学的具体做法很多。一是自读探思路，就是通过引导学生自读，探索文章条理；二是分段显思路，用划分段落层次，归纳段意、层意来显示文章思路；三是提纲理思路，即引导学生编写课文提纲，厘清文章结构；四是设疑引思路，教师按照文章线索设置一连串疑问，引导学生释疑解惑，认识文章思路；五是讲解析思路，主要凭借教师对课文的讲解分析，厘清思路；六是板书明思路，用板书设计来显示课文思路。

二、语文教学方法的引进

引进，是语文教学方法变革的另一条途径。十多年来，我国语文教学学习域外语文教学经验，引进了不少教学方法。

（一）发现教学法

"发现"的本意是指找到前人没有找到过的事物和规律。作为一种教学方法，它是美国心理学家布鲁纳所创。按照他的解释，"发现不限于那种寻求人类尚未知晓的事物的行为，正确地说，发现包括用自己的头脑亲自获得知识的一切形式"。发现法是教师提供适合学生学习程度的教材，引导学生自己探索，发现问题，寻找答案，得出结论的教学方法。它可以激发学生的学习兴趣，获得长久保持而又便于迁移的知识，培养钻研精神和创造能力。在语文教学中，发现法又称"问题教学法"或"设卡法"。

运用发现教学法的一般步骤：一是设问，即创设问题的情境，使学生内心产生矛盾，主动提出要求解决的问题。二是假设，即由学生利用自己已有的知识，利用教师提供的材料，提出解答问题的合理假设，探索解决问题的途径。三是验证，即让学生从理论上或实践中检验自己的假设。四是总结，得出共同的结论。

发现法在引进过程中得到改造，逐步成为适应各地教学实践的语文教学方法。比如，由发现法衍生的"引导发现法"采用如下五个步骤：一是准备，教师引导学生明确探索的目标、意义、途径、方法等；二是初探，根据既定的目标和途径，引导学生通过阅读、观察、思考等学习实践活动，主动概括出知识规律，寻求问题的答案；三是交流，教师组织引导学生交流初探成果，对于有争论的问题展开深入讨论；四是总结，学生整理知识使之系统化，教师对学生小结进行评价和修正，使之进一步掌握知识的内在联系；五是运用，学生通过各种形式的练习，完成有一定难度的任务，验证巩固知识，增强运用知识解决实际问题的能力。

（二）SQ3R 学习法

又称"查、问、读、记、复习法"或"五步阅读法""五段学习法"。是一种引导学生进行自学的读书方法，始创于美国艾奥瓦大学。SQ3R 系五个英语单词的缩写，代表了阅读过程的五个步骤，即：纵览（Survey）—发问（Question）—阅读（Read）—背诵（Recite）—复习（Review）。第一步全面浏览，对所学内容做框架式的大体了解，即对所学材料，从内容提要、目录、序言到大小标题、图表、注释等，先粗略地看一遍。第二步略读，着重读物的主要内容（包括重点和难点），并提出问题。第三步带着问题深入阅读，可以圈点、画线或写提示性批语，还可以做笔记。第四步回忆复述，即合上书本，对各部分提出问题予以解答，回忆各个章节要点，巩固学习内容。第五步复习巩固。这种学习方法，在运用时学得比较扎实，适用于需要记忆和深刻理解的精读和必读材料，但它费时较多，对于只需一般了解的略读材料不宜采用。

将这种学习方法引进我国语文教学，不但适用于学生自学读书，而且经过移植，可以适用于阅读教学中的精读课文教学，加上教师的启发引导，改造成具有师生双边活动特征的"五步自学指导法"，即定向浏览—略读质疑—深读理解—回忆解答—复习小结。

（三）科学扫描法

又称"速读法"或"扫读法"，指在有限时间内尽快地、有目的地、有效地阅读文字材料，并获取所需信息的方法，主要原理是采取科学视读法，减少眼停的次数、时间和回视，扩大视读广度，达到提高阅读速度的目的。

它突破了按字词句读书的习惯，而是一行一行、一块一块地扫视；采用略读和寻读相结合的方式，略去一般性文字，发现重要内容，则减慢速度，按行跑读，遇到关键处，再逐字逐句细细品味。据现代结构语言学统计，通常文章的一般性内容约占全篇的75%，而要点只占25%。据研究，一般文章的组织结构，大体可分七个部分：一是名称，二是作者，三是导语，四是一般内容，五是事实、数据、公式之类，六是新奇之点，七是争议之点。速读就像雷达跟踪目标，敏捷地抓住文章中的六、七两点，而将其他略去。这样单刀直入、直取精髓的读书方法，可用较少的时间，赢得较大的阅读量。和一般性阅读相比，科学扫描法的一般指标是速度高一倍，理解系数达50%。作为一种读书方法，科学扫描法需要加强训练。主要方式有：一是遮盖扫描。读完一行，就用纸片遮盖这一行，以减少回视，增加眼停的视读广度。二是限量扫描。即限时读完一定数量的文字。三是计时扫描。计算阅读一篇材料所需的时间，再做一些检测理解力的练习题，测定扫描效果，如此多次检测比较，及时反馈。四是块面扫描。编好与横行竖排字数相同的块面阅读材料，让学生一次读一个块面，要求眼脑直映，养成快读习惯，逐步扩大块面字数，以增进每次眼停的视读广度、阅读速度和理解力。五是狭条扫描。目光在书页字行的狭窄区间移动，视线不仅集中于一页材料每行文字的中心，而且投向这狭窄长条的所有文字。六是直线扫描。视线在每行文字的中线垂直往下移读，要求一次眼停看一行字，常用于阅读报刊。七是顺序扫描。将一篇文章的上述七个部分作为阅读的目的任务，依次扫描搜寻。八是机器训练。采用速示器、速读器等机械装置辅助训练，以加快眼动或扩大视读广度，提高扫描速度。

引进的教学方法还可以列举一些，比如问题教学法、暗示教学法、快乐教学法、范例教学法、图表教学法、利用图书馆学习法等。

三、语文教学方法的发展

语文教学方法是语文教学动态系统中的一个动态的要素，它本身就是一个动态的子系统，是不断运动变化的。语文教学设计应当探寻语文教学方法运动变化的规律，把握它的发展趋向，遵循它的发展途径，做语文教改的"弄潮儿"，将语文教学方法改革推向前进。

（一）语文教学方法的发展趋向

纵观国内外语文教学方法变革的历史经验和现实状况，在今后较长一段历史时期，语文教学方法的发展趋向主要表现为三大特征。

1. 主导主体有机结合

语文教学方法是教法和学法的有机统一。随着一个时期处于支配地位的教学论思想的更替，教学过程理论和教学方法理论也相应变更。一时主张教师中心，以教法的灌注为主；一时提倡儿童中心，以学生的自动为主。这种变更，古今中外几百年乃至几千年来，已经发生过数次。"读史使人明智"，历史的经验促人警醒。"经过一番否定之否定后，我们才有主导、主体辩证统一的教学观。"语文教学必须坚持教师为主导、学生为主体，语文教学方法应当体现这种主导主体的有机结合。

2. 知识能力同步教学

语文教学过程是一个传授知识、培养能力的教学过程。语文教学方法既是知识传授法，也是能力训练法。传统的教学理论注重知识的传授而忽视能力的培养；现代教学论的某些新观点片面强调能力的培养，有意无意地否定了知识的功能，走向另一个极端。我们需要用基本事实的知识来发展和增进每个学习者的思考力，"而正确的知识必须和技能，即运用知识的技巧结合起来"。语文教学方法必须有利于知识和能力两种教学的同步进行。近年国外出现"第三程度"的理论，即学生掌握知识和运用知识，按深度分为三种程度：第一程度是掌握信息，第二程度是具有运用知识的技能技巧，第三程度是善于创造性活动。像发现法、问题教学法、范例教学法、暗示教学法等新的教学方法便是以实现第三程度为目的。我国语文教学方法的改革，应当瞄准国际教育科学理论的新水平。一个学生只有掌握了牢固的知识，具备了较强的能力，才有可能进行创造性活动。

3. 认知个性和谐发展

认知指学生的认识能力，也就是智力；个性指学生的个性心理，即非智力心理因素。智力和非智力因素的和谐发展，实际上就是人的全面发展教育思想的体现，已经逐步成为教育理论工作者和实践工作者的共识。苏霍姆林斯基提出："作为全面发展的理想的个性是和谐的，没有和谐的教育工作就不可能达到和谐的发展。"赞科夫则认为："这里所说的达到更高的发展水平，不仅指智力发展，而且指一般发展。所谓一般发展，就是不仅发展学生的智力，而且发展情感、意志品质、性格和集体主义思想。"对于语文学习来说，观察、记忆、联想、思维、想象等智力因素，是学生学习的操作系统；而动机、兴趣、习惯、情感、意志等非智力因素，则是学生学习的动力系统。两者的和谐发展，才能全面促进学生的语文学习。今天的中小学生，特别是独生子女，处于科学技术高度发达的信息社会，智力并发一般是不成问题的，关键在于非智力因素的培养。因此，未来的语文教学方法既要有利于开发学生的智力，又要有利于培养学生的非智力因素，而且要把两者有机地统一起来，促进学生认知水平和个性心理的和谐发展。

(二) 语文教学方法的发展途径

叶圣陶先生指出要把学生教好，必须有好的教学方法。好的教学方法从哪儿来？来源无非两个："一是向别人学，一是自己通过实践，摸索得来。"学习和摸索，可以求得语文教学方法的发展。

1. 批判继承，推陈出新

语文教学方法具有继承性和创造性，这是语文教学方法的基本特征之一。今天的教学方法大多是从古人或前人手中继承过来的。不用说讲授、诵读、议论等常规教学方法的基本做法承继了自孔夫子到叶圣陶两千余年教学方法的衣钵，就是创新或引进的新教法，追根溯源，从中也可窥见沿袭的影子。比如，比较教学法是现代著名幼儿教育家陈鹤琴先生提出并在幼儿园教学中起过重要作用的。

这种批判继承的过程、扬弃的过程，便是推陈出新，便是创造，便是发展。对于过去的教学方法，凡是合理的成分，比如启发式的，结合教学实际的，有利于传授知识、培养能力、开发智力、陶冶情操的做法，予以肯定和吸收；凡是不合理的成分，比如注入式的，脱离教学实际的，不利于传授知识、培养能力、开发智力、陶冶情操的做法，则予以否定和剔除。任何全盘否定和全盘肯定的态度都是不科学的。语文教学方法要发展，就要充分发掘我国教学方法的历史积淀，正确地扬弃，注入时代的生机和活力，创造出更新的更有成效的教学方法来。

2. 引进借鉴，为我所用

"他山之石，可以攻玉。"引进、移植、改造外国的、外地的、他人的教学方法，是发展语文教学方法的"源头活水"。情境教学法，本来是外国的一种外语教学方法，是19世纪下半叶始于西欧的外语教学改革运动的产物，由直接法演变为听说法、视听法、功能法以至情境法等现代外语教学方法，把它移植过来，加以改造，用于汉语文的母语教学，便是一种崭新的教学法。范例教学法，原是德国教育家瓦·根舍因首创，它注意从教学大纲和学生日常生活中选择"范例"，以便使教学内容更加典型化，让学生从"范例"的"个别"到"类"掌握知识结构，从而提高教学效率。借鉴它的基本思想，赋予我国语文教学的新内容和新特点，既可创造"读写结合法"，又可设计"'得得'教学法"。今后我们更需要这样做。"科学无国界"，在改革开放的时代，在新技术革命频频挑战的未来，国家与国家、民族与民族之间各种思潮的相互渗透是不可避免的。域外教学方法的引进也将源源不断。如何结合我国语文教学的特点，结合本地本人的实际，进行科学的选择、合理的借鉴，拿来为我所用，这是未来语文教学的一大课题。

3. 优化组合，避短扬长

具有多样性和综合性，是语文教学方法的又一基本特征。语文教学方法的这一基本特征，也为它自身的发展开拓了无限广阔的天地。优化组合，是语文教学方法发展的重要途径。这种优化组合，也就是语文教师的创造。如果说继承传统和借鉴外国是"向别人学"，那么这种优化组合便是"自己通过实践，摸索得来"，"二者都重要，但是有主次之分，自己摸索得来比向别人学更重要，就中学和小学的语文课来说，尤其如此"。

优化组合的诀窍在于避短扬长，发挥个人教学的优势。比如同样一篇朱自清的《春》，不同的教师可以有不同的教法：

可以"导之以情，以读带讲"，像于漪老师那种"情感派"的教师执教，首先设计一个充满激情的导语，将学生引入"绿满天下"的动人境界，然后边读边讲，步步深入，使学生的情感融入融融春意之中，潜移默化地受到课文内容的感染熏陶。

可以"朗读领先，带动全篇"，善于普通话朗诵的教师，从朗读入手，通过朗读的指导和反复的朗读，使学生领会文章的思想内容和写作特色。

可以"范文引路，指导观察"，善于观察指导和写作训练的教师，则以课文为范例，通过课文分析和观察指导，培养学生观察能力和表达能力。

可以"一课一得，以读促写"，紧扣景物描写这个重点，让学生领会按照顺序写景和抓住景物特点的写作方法，并付诸作文实践。

"教亦多术矣，运用在乎人，孰善孰寡效，贵能验诸身。"任何具体的语文教学方法都不是"万应灵丹"，都必须接受实践的检验而决定弃取。

第四章　语文思维教学与训练

　　学生的思维蕴藏着极其宝贵的资源，开发思维资源，学生的潜力将得到更大发挥，听说读写能力将得到更快发展。在人的智力结构中，居于核心地位的思维，是整个智力活动的最高调控者。如果思维不能积极参与智力活动，知觉会缺乏理解性，记忆变成了机械重复，想象也难对表象进行加工，写作创新将是一纸空文。

　　本章论述了思维的定义与特点、思维资源的开发、思维与语文教学、语文教学中的思维训练等基本问题，回答了如何发展学生的思维能力，要发展哪些思维能力，怎样科学地训练学生的思维能力等主要问题。

第一节　思维的概念和特点

一、思维的概念

　　思维是多学科研究的对象，如哲学、逻辑学、语言学、神经生理学、脑科学、心理学等，这些学科都从不同侧面揭示了思维的实质。

　　我们取与语文教育最接近的心理学对思维的有关解释：

　　思维是一种心理现象，是心理这种能动反映的高级形式。具体来说，思维是人脑反映事物的一般特性和事物之间有规律的联系，以及通过已有知识为中介，进行判断、推理、联想、想象，解决问题或进行创造的过程。人类所特有的第二信号系统的活动，是人的思维活动的生理机制与心理机制。思维具有概括性，就是指它所反映的绝非个别事物及其个别属性，而是事物的一般特性以及事物之间的有规律性的联系。思维具有间接性，就是说，它不是反映直接作用于人的感官的事物及其个别属性，而是以已有的知识经验为基础，以语言为中介，去反映未曾直接作用于人的感官的一般事物及其本质和规律。思维具有目的性，人的活动总是为了解决某一理论或实践问题。语言是直接与思维联系着的，思维活动的进行和其结果的记载与巩固，都离不开语言。

综上所述，思维是人脑对客观现实的本质和事物内在规律性的概括的、间接的、有目的的反映，这一反映是以已有的知识经验为基础，以语言为中介去进行的活动。

二、思维的特点

（一）思维的（物质）外壳是语言

思维依靠语言来进行，思维通过语言表现出来，也通过语言固定下来。例如高中语文课文《蒲公英》的构思，就是要通过语言来表达与固定：本文借物抒情，以蒲公英为中心，借对蒲公英的描述，表现作者憎恶战争、向往和平的思想感情。作者并未直接描写战争的残酷、罪恶和对美的毁灭，而是通过细致叙述自己生活中与蒲公英有关的一些生活片段，非常自然地突出了反战的主题。这些思维活动，通过语言文字的表达固定了下来。

（二）思维的问题性

思维要指向解决某一个或某几个问题，完成某一项任务。如果没有问题或产生问题的情景，就不会引起思维。因此，思维具有"问题"的性质，并往往表现为一种有组织、有目的、颇为紧张的过程。思维中的问题，既可以是来自别人的提问，也可以是自己主动地思索，这便是"好奇心"。

（三）思维的概括性

思维是对客观事物的一种本质的认识。它要揭示客观事物的本质特点，反映并把握诸多事物的共同特征。思维的一般概括，要能反映客观事物的本质特点。由于掌握了本质，人们既能完成当前的任务，也能看到未来，在思想上解决后来所要碰到的问题。

（四）思维的间接性

人类通过思维，利用事物相互影响的结果，利用其他有关的媒介，来间接地正确认识事物。由此，我们可根据古今中外所总结出的各种知识，来解决自己所面临的问题。

（五）思维的能动性

思维可以能动地反映客观对象，是一个信息的加工、改造过程。因此，就产生了对同一事物不同的人有不同的理解的现象。例如有一篇《为骄傲正名》的文章，就谈到了对骄傲的理解：

骄傲自大是无知、浅薄的表现，属于对自己认识的一种盲目性。这是一种理解。

由于人们的立场观点、认识事物的角度不同，对同一事物，就会有不同的思考，有不同的理解。

思维的能动性表现在两个方面：其一是构思假设，形成问题。思维一旦形成假设，就能指导我们的认识活动，减少盲目性，提高认识活动的水平。以骄傲而论，可形成这样的一些问题：骄傲若属于自信心强，会不会有人认为是狂妄自大呢？假设有人认为骄傲是坚持真理，是否有人认为是自我膨胀呢？其二，要把这些问题搞清楚，就要进行推理，从这些假设性的问题中，推衍出新的知识来。可见，思维的能动性也是十分明显的，它体现出一种自觉的努力，一种积极的思维活动。

这里我们不妨把思维和意识、认识做一比较。比较思维和意识、认识，我们认为，思维与意识、认识虽然都是人类所特有的，人们通常把它们通用，但它们并不完全一样。不一样的原因，就在于思维具有能动性。就思维和意识而言，应该看到，思维和意识是有通性的，这是因为意识包含了思维，思维体现了意识。因此，在某种意义上，通用思维和意识是可以为人接受的，如恩格斯在表述哲学基本问题上用的是"思维和存在的关系问题"，而这里的"思维"实际上就是我们今天所说的意识。但是，作为严密性极强的哲学教科书，在使用专门的哲学术语上则来不得一点误差。思维和意识虽然密切联系，不可分割，具有通性，但毕竟有差异，这是因为，思维是意识中最高形式、最深刻内容的体现，它有能动性，显示了主观对客观的能动作用，而这种作用并非是人类意识中都具有的。因此，笔者认为，现行哲学教科书提及的"意识能动性"并不妥当，它应由"思维能动性"所替代。就思维和认识来说，我们知道，认识是主体对客体的反映，而这种反映分低级阶段和高级阶段，前者为感性认识，是对客观事物的现象、各个片面和外部联系的反映；后者为理性认识，是对客观事物的本质、内部联系的反映。比较前后者的反映内容，我们以为，前者是一种机械的反映，后者则是一种能动的反映。思维是认识，但并非认识都是思维，只有能动的反映，即理性认识才属于思维。由此，我们认为，思维的根本特点在于能动性，缺乏能动性，就无所谓思维，人的意识、认识也就无法显示出对实践的指导作用，而一切把思维和意识、认识混为一谈的做法都是不妥的。

（六）思维的创造性

思维的能动性是和思维的创造性密切联系在一起的，古人云："行成于思，毁于随。"这里的"思"指新的探索，"随"指因循随俗。要"思"就必须有新的探索，即创造性，抛开因循守旧，否则就不能取得任何成就，这就是古人给我们的告诫。思维贵在创造。所谓创造，就是指思维能根据人类的需要去反映世界，能触及事物内部反映其本质和规律，能按照人类的希望，建构出一个理想的世界。创造的实质是创新，即"想前人所没有想过的事"，而"干前人所没有干过的事"。这正如我国著名学者陶行知所说："敢探未发明的新理，即是创造精神。"思维不能没有创造，有了创造，才有思维的能动性，才有思维对人们的实践的指导作用，因而，也才能完成思维的任务。

三、国内外思维教学研究概况

思维学的研究深入到教育学研究领域，就产生了思维培育学。思维培育学的研究深入到语文教育的研究领域就产生了语文思维培育学。

（一）国内思维教学研究概况

国外思维教学研究的发展对我国思维课程资源的开发、改变教师思维教学以及构建与思维教学相适应的考试评价体系等具有启发意义。思维科学的建立，无疑为学校培养学生思维品质和思维能力送来了东风。张得琇的《创造性思维的发展与教学》和陈龙安的《创造性思维与教学》便是在思维教学方面最早开出的美丽鲜花。一些语文教育界的学者还把语文思维培育的专题研究也纳入了思维科学的体系，作为思维科学的一门应用理论学科的体系。卫灿金先生著的《语文思维培育学》、彭华生先生著的《语文教学思维论》、黄亮生先生著的《中学语文思维培育导引》、陈玉秋先生著的《思维学与语文教育》等相继问世，一些研究语文思维教学的文章也陆续出现在我国各类杂志上，这就大大丰富了语文思维教育研究的理论。这些理论均有其科学性、合理性、可行性和可操作性，因而也就具有实效性。但是时代总是在向前跃进的，人类的思维能力、创造能力要不断地发展，启迪思维教育的理论也需要与时俱进，需要继续完善、深入、丰富和发展。这些理论运用到语文教学实践中取得的经验需要认真总结和推广，出现的问题和矛盾需要正确地处理和解决，产生的各种认识误区也需要尽快地得到纠正。这一切，正是本书需要研究的问题，也是本书与其他语文思维教学理论研究的不同之处。

（二）国外思维教学研究概况

到 20 世纪五六十年代，西方对有关思维教学的理论和实证研究均已取得长足发展。特别是进入 20 世纪 80 年代之后，美国掀起了声势浩大的思维教学运动，有关思维教学的研究随之进入空前繁荣时期，形成了许多思维教学的模式，如威廉斯的教学模式、吉尔福特创造性思维教学模式、帕尼斯创造性问题解决的教学模式、泰勒发展多元才能的创造性思维教学模式等等。国外有关中小学思维教学的研究主要集中在思维课程开发与教学策略、思维教学中教师的角色、思维教学的政策与制度支持等方面。在已有的研究中，对于思维究竟是否可教、思维教学应该教什么、思维应该如何教等问题还存在不少争议。

第二节　开发思维以及在教学中的作用

学生的思维蕴藏着极其宝贵的资源，开发思维资源，学生的潜力将得到更大发挥，听说读写能力将得到更快发展，每个学生将得到更丰富的学习资源。

一、开发学生的思维资源

开发思维资源，应注意以下几个方面：

（一）开发儿童的思维资源

开发思维要从儿童抓起，思维的器官是大脑。幼儿大脑的发育关系着未来的思维能力。怀孕初期，胎儿的神经系统开始发育。第四周时，胎儿就有了神经管，神经管上又形成端脑、间脑、中脑、后脑、末脑。3 个月后，大脑开始形成。5 个月，胎儿头部已占身体的 1/3，并能记录出脑电的活动。7 个月，胎儿大脑沟回已形成，大脑皮层迅速扩大。出生时，胎儿大脑的细胞分化、细胞层次的分化已基本完成，大脑神经元的数量也基本达到成人的水平。

胎儿期和婴幼期是大脑发育的关键阶段，必须提供充足的物质养料与信息养料，开展适合儿童思维发展的活动，为儿童学习语言，推动思维发展创造必要条件，以保证儿童早期智力的开发。为此，要注意三方面的问题：

1. 智力开发宜早

儿童智力的早期开发，关系着人类的进步。从婴儿坠地，就开始了受教育的过程，就开始了思维发展的过程。

美国心理学家布鲁纳做过一个试验，他把一群孩子分为两组，一组放在一间有着雪白的墙壁、天花板和地毯都有彩色花纹的房间里，还有音乐、玩具；另一组放在一间有雪白的墙壁和天花板的空荡荡的房间里。数月后测定智力，发现在有彩色的环境中生活的一组，比在单调的环境中生活的一组智力发展要快。

这说明智力开发，的确应从婴儿时代抓起。就拿语言学习来说，语言具有概括性，它对概念的形成，对抽象思维的发展，都有重要的意义。让儿童在1岁内学会说话，其智力往往超过一般儿童的5%～20%。二三岁时，是儿童学习语言的敏感期，语言掌握较丰富的儿童，思维也较活跃。

2. 智力开发要循序渐进

从儿童到青少年，智力发展有一定的顺序：如幼儿的智力总是先从感觉动作阶段发展到形式运算阶段。幼儿时期（3岁前后）左半球语言中枢、判断机制还未成熟，其思维就是"情境思维"，这种"思维"是形象思维和情感思维的某种雏形。人的成熟的形象思维、情感思维就是在"情境思维"的基础上形成的。中学生的智力开发、思维训练，不同的学生虽有不同特点，但也有一个共同的顺序，那就是从以形象思维为重点，逐渐发展到以抽象思维为重点，进而加强辩证思维训练的过程。

3. 智力开发要注意综合性

抽象思维或逻辑思维是侧重于以左半球大脑皮质第二、第三机能联合区为物质本体（生理机制）来进行工作的思维活动方式。抽象思维是以第二信号系统"词"为单位"细胞"的思维。

大脑右半球没有语言中枢。所以，在右半球的大脑皮质第二、第三机能联合区里，就发展了对除"词"以外的各种信息的加工能力。于是，就出现了右半球同形象思维、视觉图形、整体性映象、音乐鉴赏有关的事实。

脑作为一个整体，大脑两半球作为一个对立统一体，又是不可分割的。上述抽象思维侧重在大脑左半球为物质本体，就是说，进行抽象思维，左半球是矛盾的主要方面。与此同时，矛盾的非主要方面右半球仍起作用；反之，当大脑皮质第二、第三机能区联合成为形象思维的物质本体时，右半球是矛盾的主要方面，而左半球仍起作用。大脑左右两半球被命名为"胼胝体"的两亿多根神经纤维连接着，一个脑半球学到的知识可传给另一脑半球，一个脑半球起作用时，也会受另一脑半球的影响、制约。可见两脑半球是既分工，又协同互补。例如，中学生读诗写诗，主要是形象思维、情感思维、灵感思维在起作用，但绝不能排斥抽象思维的作用。而且，智力是一种综合的能力，它是由多种因素组成的。观察、注意、记忆、想象、思维、创造、语言等能力都属智力的重要因素，都需综合培养。只有这样，学生的智力才能更好地发展。

（二）引导学生进行积极思维

语文教学活动是一个以学生为主体、教师为主导，通过有目的有计划的科学训练，使学生获得知识，并发展智能的过程。而学生知识的获得、智能的发展，必须通过积极的思维、科学的学习方法来实现。教师应从如下方面引导学生进行积极思维。

首先，语文教师必须明确只有使学生把知识的学习与崇高的理想结合起来，才能产生真正的积极性。因此，语文教师应满怀深情向学生讲明，并利用各种机会证明，语文在学习、工作、生活中的重要性，使学生也怀着深情来学习语文。为此，教态应亲切。所谓亲其师，方易信其道。态度亲切，说话风趣，学生听课如坐春风，又何乐而不为。这样，学生必能沿着教师引导的思路，在学习上孜孜以求。

其次，教学语言应力求简明、生动，力避累赘重复。简明，指教学语言逻辑严密，适合学生接受水平；生动，学生才乐于接受。教师讲课语言干瘪、枯燥，缺乏情趣，啰唆重复，只能使学生昏昏欲睡，感到厌倦，教学用语"华丽"，但艰涩、散乱，学生听不明白，抓不住要领，同样不能充分调动学生学习的积极性。

再其次，教师的导，要突出重点，要有启发性。重点是"纲"，以点带面，则纲举目张；讲述重点明确，学生听课思路清晰，还有利于发现学习中的新问题。人的思维总是以发现问题开始，以解决问题为目的来不断深入的。语文学习是在"不知"与"知"这对矛盾的对立统一中不断发展。这就要善于启发提问，以引起学生的探索与思考。

比如在作文指导中，就可提出这类问题让学生思考：你这样写也可以，是否还有更好的写法呢？这种看法真有道理吗？能否提出相反的看法？这样写理由是不是很充分？是否有例外？有人会反驳吗？多提类似问题，让学生结合自己的、同学的习作思考，作文的提法、措辞就会准确、严密，少犯逻辑错误。教师的提问就是向学生调查的一种方式，让学生自己思索释疑，较之由教师给以现成答案，更适合训练学生思维，学生兴趣也就更浓。

教学应该适合学生水平。因为学生学有所得，是使学习积极性持久和高涨的基本条件。教师从制订计划到进行教学，只有适合学生水平，才能使他们经过努力，不断进步。这就有个因材施教的问题，教师只有善于对不同的学生进行切合实际的引导，才能大大提高语文教学质量。

最后，还必须改变教学方式。语文教师的教学方式如能常教常新，适当变换、交替，则易吸引学生学习的注意力。当然，教学程序变化太大，也会使学生难以适应。有的老师交替运用不同教法，以调动学生积极思维，效果很好。如教宋词《雨霖铃》《扬州慢》着重让学生诵读，引导他们深入讨论其中的造句特点和抒情手法；教《子路、曾皙、冉有、公西华侍坐》，着重分析如何通过语言表现人物性格；教《齐桓晋文之事章》，着眼于本文围绕中心层层深入的论证方法和对孟子政治主张的评价。在讲读方式上，《宋词二首》由示范朗读开始；《子路、曾皙、冉有、公西华侍坐》由学生分段翻译，兼以教师点评；《齐桓晋文之事章》则从标题所示的历史事件导入。这一切，均以教学需要为转移。

当然，调动学生积极思维的方法很多，如通过比较事物异同，可以帮助同学打开思路，发现问题，提高鉴别力。

中学语文教材以单元编排，为进行比较思维教学提供了广阔的天地。

引导学生积极思维的方法有不少，教学的具体组合方式也灵活多变，但对思维的研究，对语文教学中的思维能力的培养，则应坚持以下三条方法论原则：

（1）整体性原则。学生学习语文，进行思维活动，从选取、存储信息，到加工改造信息，再到输出信息，进行听说读写的实践，中间必须经过一系列的中介系统与反馈过程。因此，要从整体着眼，分散训练，取得最佳的效果。

（2）系统性原则。语文教学从单元到一册课本，到整个教学计划的贯彻、教学目标的实现，都有一定的系统结构。教师与学生的思维活动，必须放到这个系统结构的"框架"中，才能取得好的效果。从学生的认识活动过程看，认识一般要由感性阶段发展到理性阶段，再进入实践的过程。在这个过程中，认识的每一阶段都是作为系统结构的要素存在并发挥作用的。正是这种系统性，思维才表现出连贯性和逻辑性。完成语文单元三种类型课文的教学过程，也正体现了这种连贯性和逻辑性。

（3）层次性原则。语文教学中的思维活动，如果只看到整体性和系统结构性的特点，而忽视层次性，往往会流于空泛和抽象。但若把某一层次当成思维的全部或整体，也会流于偏狭片面。语文教学从字、词、句、篇到与整个教育的关系，都存在着一种有层次的系统结构，每一层次都是处在一定系统结构中的要素。就拿字的教学来说，它也是由音、形、义的结构层次构成的。

宏观上把握了以上原则，就能使微观的思维训练方法更好地为语文教学改革服务。

二、思维在语文教学中的作用

（一）对语言的理解

语言是一种信息符号，语言是人类创造的以语音和意义相结合的信息符号系统，其特征如下：

（1）语言是人类特有的一种能力。动物传达某种感觉、表达某种意思的手段，如鸟语、虫鸣、鸡叫等，并不属人类所特指的语言范畴。只有人类才通过语言进行交流或交际，借助语言表情达意。

（2）语言比其他符号系统更为复杂，并具有"强生成性"，即每一种语言符号（如音位、语素、词）数目有限，但按一定的规则或模式，可以生成无限的句子。这个特点就决定了语言只包括口语和文字形式的"自然语言"，以及数学表达式、计算机程序语言等人工语言。

（3）语言是载有信息的符号系统，它不仅可以传达思维信息，还能通过思维携带自然信息和社会信息。没有信息量的语言只是空洞符号。语文教学绝不能只教空洞的语言文字，应把语言文字同思想内容结合起来，同文化内蕴结合起来。

（4）语言符号具有约定性。语言符号（语音、文字）与意义的结合是约定俗成的。约定俗成是任意性和强制性的统一。语言符号在制定阶段具有任意性，但在使用阶段具有强制性，否则无法进行正常的交际。从这个意义上讲，必须让学生牢固掌握语文这个基础工具和文化载体。

语言是包括语音、语义和语法的有层次的结构系统。语文教学也应有逻辑层次地把"大纲"要求的语言知识交给学生，这就必须明确：语言有两个方面——语言和言语。前者是语言集团言语的总模式，是世代相传的语言系统。后者是指个人的说话，是个人运用语言的社会行为。语言和言语是一般和个别的关系，语言是从言语中抽象出的共性、本质方面，言语则是语言的个性、现象的方面，言语指言语行为，也指言语结果，前者为动态，后者为静态，语文教学就是言语教学。中学生只有通过语文学习学好言语，才能不断净化、美化自己的言语。

（二）思维与语言的关系

1.思维和语言之间，是一种相对独立的关系

思维是一种包含物质内容的精神现象，语言则是一种包含精神内容的物质现象，是思维的物质外壳或思想的直接现实。思维与语言绝对不能分开，但它们之间也有相对的独立性。

2.思维和语言的区别

从生理基础考查，思维与语言活动都是大脑与感官的综合效应，但思维器官主要是大脑，语言器官主要是口腔和喉头等执行说、写、听、读功能的效应器官或感官。聋哑人丧失语言能力，但不一定丧失思维能力，可见语言能力对语言器官具有直接依赖关系，也说明了语言与思维的区别。

再从信息论的角度来看，思维与语言过程的区别：思维过程可按"信息输入—信息加工—信息输出"分阶段；语言过程则按"信息编码—信息传递—信息解码"分阶段。从次序与内容看：语言过程的信息编码与思维过程的信息输出部分重合，即为了表达思想进行语言编码时，思维过程就向语言过程转化。语言过程的信息传递包括"发送—传输—接收"，发送主要由发音器官负责，思维只起控制作用；传输是靠声波，完全与思维脱钩；接收又回到思维过程的信息输入阶段，但感官只是接收到全部输入的语言信息的一部分，思维尚需非语言信息输入方可正常进行。语言过程的信息解码与思维过程的信息加工亦部分重合，但思维的信息加工，除对解码后的语言信息综合处理外，还要加工各种非语言信息。再一个区别是思维具有人类性，语言具有民族性。

（三）思维对语言的决定作用

思维先发生于语言，它与劳动相互促进。马克思曾经这样说："意识起

初只是对周围的可感知的环境的一种意识，是对处于开始意识到自身的个人以外的其他人和其他物的狭隘联系的一种意识。同时，它也是对自然界的一种意识，……这是对自然界的一种纯粹动物式的意识（自然宗教）。"

这种最初的意识就是直观动作思维。这种思维的工具不是语言，而是石刀、石斧等原始劳动工具以及使用这些工具的劳动，思想通过劳动实践的形式表现出来，而不是用语言来传达。思维通过有实际目的的动作，可以获得关于客体特性的认识。例如使用"天然工具"不方便，原始人就通过思维进行改造制作，这就推动了劳动和思维的共同发展。

语言是在劳动和思维相互作用的推动下产生的。有了语言，思维就获得了向抽象性、概念性发展的手段，它可凭借实物和动作进行，也可只用语言符号进行，思维成果也在语言中得到保存，通过语言进行传达、交流。从这时起，精神劳动就可以和物质劳动分离。

文字的产生与发展，更足以证明思维所起的决定作用。文字的产生和发展，不同的民族大致都经历了从实物到图画文字、象形文字、拼音或音节文字几个阶段。实物、随后的刻痕记事、结绳记事皆非文字，乃是同彼时的直观动作相适应的。图画文字记载的不是言语而是直接的知觉和表象形象，乃是同彼时具体形象思维相适应的。音节文字和拼音文字则是抽象思维发展到一定阶段的产物。

至于"人工语言"，如世界语、计算机语言等，思维在其创造中也是起决定作用的。以人脑为起点，以电脑的"电子—语言"为中介，最后又回到人脑，这就是人脑电脑统一活动的实质。通过这一思维活动，就实现和扩大了人的智能。

（四）思维在语言使用过程中的作用

我们用短语来表达思想时，通过思维，在遣词造句前，可以形成比较明确的思想。但在较长的语言过程发生之前，我们常常不能清楚地估计到我们要说的每一句话是什么，脑海里似乎是模模糊糊的。有时在课堂讨论中的即兴发言，更是如此。如果词不达意，未说清楚想说的问题，或者说了未认真想过的问题，可能会感到遗憾；如果说话的客观效果好，也可能很满意。这除了表达能力的强弱外，也与思维指向性的强弱密不可分。

在学习、生活中对一定问题思考时间愈长、范围愈宽、内容愈深刻、要求解决问题的压力愈大，思维的指向性一般就愈明确与灵活，语言表达也就愈主动与清晰，如不假思索、信口开河，语言表达就会东拉西扯、一团乱麻。

语言学习，在某种语言单位中确定一词多义的一种切近意义，在一义多词的语言现象中选择恰当的词句，这显然是思维的功能。如果头脑加工的不是语言信息，那就要进行某种转换。如看图作文，思维对语言的选择性功能就更大，而且要更多地发挥创造性思维。

人们每天都要接触大量的语言，但输入大脑加工的只是一部分，其余的则视而不见，听而不闻。可见言语的接收，绝非仅由感官被动承担的任务，而有一个由大脑思维活动指挥的主动筛选过程。可见，言语的使用，直接体现着思维的选择性与创造性。同时，思维内容还决定着语义。语义即语言的意义，一般指词、词组与句子所表达的意思。它是思维和语言关系中的核心问题。

单词的普遍意义和特殊意义是统一的。单词离开具体的语句，仍保留着普遍的稳定的意义。单词进入具体的语句，就会获得特殊意义。孤立的词的意义是"死"的，在语言学上称词汇意义，可以在词典里供任何人查阅。人们将孤立的单词用入句、段、文章，"死"的词汇意义就变成了"活"的结构意义。因此，孤立的单词进入语句篇章，就从普遍意义向特殊意义发生转化。促成这种转化的正是思维内容和思维操作（主要是编码和解码）过程。

单词的一般思维内容则是在特殊思维内容的具体运用中体现出来，是表达一般思维内容向表达特殊思维内容转化的结果。由此可见，对语义的理解和运用离不开思维，思维能力愈强，愈能通过一定语境，正确理解词句的特殊意义，可见语文教学与思维密不可分。

第三节　语文思维教学的思想内涵

一、"语文思维教学"的界说

首先要弄明白什么叫语文思维。所谓语文思维，是指一切参与各种语文学习活动的思维。这种思维既要受语文学习活动的制约，从而打上语文学科性质的烙印，又会对各种语文学习活动施加积极影响，从而成为提高学生语文素养的助推器。

我们认为，语文思维教学是指在语文教学活动中，运用相关的思维理论知识，通过识字写字、阅读、写作、口语交际以及综合性学习实践活动来训练学生各种思维素质和思维能力，进而促进学生语文素养全面提高的教学。语文思维教学的核心就是在各种语文教学活动中对学生的思维素质和能力进行扎实而有效的训练。语文思维训练的过程是在科学先进的语文观指导下，让思维主体（学生）的语文思维结构，作用于所要研究探讨的语文知识与能力上，并使之产生分析、综合、比较、抽象、概括这一过程。在思维训练过程中，师生之间、生生之间、师生与文本之间要进行多方交流，持续不断地进行信息的传递和加工，异中求同，同中求异，使学生这个思维主体的思维意识不断地得到优化，不断地在"聚合—发散—聚合"的碰撞过程中将思维推向高潮，推向深处。

二、把握语文思维教学的特点

既然语文思维教学的落脚点是各种语文教学活动，在加强对学生思维素质与思维能力的训练上，我们就要首先明确语文思维教学中开展思维训练的基本特点。

（一）思想的交流性

引起思维意识的主要方式是交流。师生大脑内部的信息在思维交流中得以交换，思维得以不断的调整。在这种持续的交换、调整中，学生的思维更趋于系统化、具体化。在语文的听说读写教学活动中，学生通过讨论、争论、辩论、鉴别、思考、验证，使思维的方向、范围、内容、进度得到积极调整，对教师反馈的信息进行变通性的加工整理，使其对客观事物的认识迈向更新更高的境界，为思维的深化和创新创造良好的条件。学生在交流中互相质疑、互相启发，思维由疑而生，经交流而发散，再由发散到聚合，这样学生对文本的解读也就逐渐趋于正确，思维逐渐趋于辩证。这充分体现了思想交流在思维训练中的妙处。

（二）训练的整体性

基础教育课程改革的基本理念就是要面向全体，全面发展，主动发展。语文课程标准也强调要全面提高学生的语文素养，而思维品质的培养已纳入提高语文素养的范畴。从这个意义出发，必须强调思维训练要面向全体学生，面向每一个基础知识有差异的学生，使每个学生都能在原有基础上得到发展和进步。所谓"全面发展"是指平等发展、自由发展、和谐发展、个性发展。语文思维训练要特别突出学生思维个性的最优发展，要从学生思维特点出发寻找突破口，因人施教，因材施教，让学生在扎扎实实的语文思维训练中得到思维个性的充分发展。学生探讨问题的兴趣受自身认识水平差异的制约而有所不同，教师的功夫要下在调动所有的学生都能参与到对问题的思考和探索之中，让不同程度的学生都有发表自己意见的权利和机会。对于思维能力差的学生，不能冷淡他们，疏远他们。教师要小心翼翼、循循善诱地呵护他们，让他们得到更多的思维训练的机会和获得成功的喜悦，从而提高他们参与思维训练的主动性、积极性，这有利于班级的整体思维能力上一个台阶。思维训练中，学生发表与教师想法不一致的意见是常有的事，教师不能压制不同意见。如，一个语文教师向学生提出一个问题：玻璃杯里面放了一个乒乓球，有多少种办法把它拿出来？这个问题有利于激活学生的发散思维。学生七嘴八舌，有说用手抓出来，有说用筷子夹出来，有说把玻璃杯倾斜，将乒乓球倒出来……老师听了一一含笑点头，因为这些答案都在教师的意料之中。可是，有个学生说："我把玻璃杯摔碎，乒乓球就出来了。"教师把脸一沉，然后指责学生："小聪明，烂点子，这是损坏公物，这样做是要犯错误的！"教师的这种指责只会打击学生主动参与思维活动的积极性，使他们的思维处于抑制状态。教师要深入学生，去接触、了解、研究学生的思维方式，使思维训练更能有的放矢，且矢能中的。

（三）内容的广泛性

语文与生活的外延相等，这就决定了语文教学中思维训练的内容是丰富多彩的。古今中外，政治、经济、军事、外交、学校、家庭、社会、理想、法律、伦理、道德、情操、建筑、文学、绘画、雕塑、音乐、舞蹈等，凡课文所涉及的内容无所不包。教师对思维训练要克服随意性和盲目性。要有整体考虑，通盘设计，要研究思维训练的系统性、连贯性，研究新旧教材、新旧知识之间的连贯和各部分之间的联系，研究当前的训练内容必须考虑和过去以及今后的训练内容相衔接。教师还要了解所教学生的思维情况，从课标要求、教材特点、学生学情出发，确定思维训练的最佳内容和方法，使"矢"和"的"和谐地碰撞起来，以提高思维训练的实效性。

（四）形式的渗透性

在语文教学中，思维教学不是孤立地进行的，而是将思维训练渗透到识字写字、阅读、写作、口语交际、综合性学习实践活动之中，使语文学习活动与思维训练水乳交融，互相促进。绝不能把语文教学与思维训练分割开来，搞桥归桥，路归路，丁是丁，卯是卯。比如教《罗密欧与朱丽叶》，在学生熟悉故事情节、人物形象、主体思想的基础上，教师设计一个训练题：朱丽叶醒来，见罗密欧已真正死去。请你通过想象，把朱丽叶此时此刻的心理活动刻画出来。有的学生写道：朱丽叶想到，自己心爱的人已经为她殉情，她再苟活在这个世上还有什么意思？决意以死来报答罗密欧对她的爱。这样的心理描写，表达了朱丽叶对爱情的忠贞。有的学生写：朱丽叶见罗密欧死去后异常悲痛，眼前的惨象勾起她对往事的美好回忆，回忆越是美好，对罗密欧的死就越是感到悲痛。有的学生写道：朱丽叶由眼前罗密欧死去的惨象来反思导致他们二人悲剧的根源。这些，都使得学生对戏剧主题的批判性有了更深刻的认识。这个案例属于对戏剧的阅读教学，着眼点是文本解读，是一种创造性的阅读，因为它含有对作品进行二度创作的因素。但在这个阅读教学片段中，又渗透了思维训练的教学。整个教学活动以想象的形式展开，激活了学生的发散思维，进而对作品进行了多元解读。可见，语文教学中思维教学的形式具有渗透性。

在语文教学中渗透思维训练较之其他学科有着得天独厚的优势。比如数理化学科，就主要适合训练抽象思维，其他思维的训练会受到学科内容的限制。而语文教学内容的广泛性决定了思维训练的多样性。说明文、议论文的阅读与写作教学最适合渗透包括辩证思维在内的抽象思维训练；记叙文，特别是文学作品的阅读和写作教学，最适合渗透形象思维、直觉思维、灵感思维的训练。语文教学不仅帮助学生学习内容，更重要的是学生还要学与内容相关的语言表达形式。语言是思维的物质外壳，思维是借助语言来进行的，调整语言本质上是调整思维，学习语言本身就是在学习思维。

第四节　语文教学中的思维类型

一、形象思维与语文教学

（一）形象思维的概念和特点

1.形象思维的概念

形象思维是人的大脑自觉反映客观的具体形状或姿态，运用观念形象（意象）加工感性形象，从而能动地指导实践，创造物化形态的思维活动。它可通过创造真实感人的艺术形象来反映生活，揭示生活的有关本质与规律。

形象有主客观之分，客观形象就是能引起人的思想或感情活动的具体形状或姿态，也就是客观事物在立体空间中的存在状态，及这种状态随时间而发生的变化。主观形象是客观形象在人的感官与头脑中的能动反映。

主观形象有初高级之分：初级阶段，即感性形象认识阶段，主观形象分为感觉形象、知觉形象、印象和表象。高级阶段，即理性形象认识阶段，主观形象表现为意象，它是观念的或理性的形象。

客观形象是纯客观的，但主观形象不是纯主观的，它的形式是主观的，内容是客观的，可见主观形象是主客观统一的形象。

还有另一种主观形象（意象）的物化形式，如艺术形象，有人称之为物化形象。艺术形象的主客观统一，是"主观见之于客观"的形象，即通过形象思维指导的实践活动而创造出客观形象。所谓主观形象，则是"客观见之于主观"的形象。

形象思维是一种以客观形象为思维对象、以感性形象为思维材料、以意象为主要思维工具、以指导创造物化形象的实践为主要目的的思维活动。

2. 形象思维的特点

形象思维最突出的特点是鲜明的形象性，有时还带有浓郁的感情色彩，并通过一定的个性来反映共性。

（1）形象性

首先，形象思维是以客观事物的形象作为思维的对象。自然界美不胜收的景物，千姿百态的景色，各种人物的音容笑貌，各种人造物的状态，各种文学艺术的形象，等等，这一切构成了人们认识大千世界的内容。

其次，形象思维主要使用意象、具体概念、形象的语言、各种图形等形象性的思维工具。形象语言从性质上分三类：视觉语言、听觉语言、视听综合语言。这三种语言又可分为名词、动词、形容词。名词反映特定事物形象，如人、湖泊；动词反映特定事物运动形态，如哭、笑；形容词反映事物的性质、状态，如绿、尖等。人们运用形象思维的工具，就可对事物的客观形象进行分析、比较、综合、概括，引起联想与想象，创造新的物化形象。

再次，形象思维除使用形象性语言外，还可使用形象性的非语言手段，如图形、模型、动作、表情及各种姿势等，来传达思想、情感，表达意象。

（2）通过个性反映共性

形象思维通过个性反映共性，揭示个别事物的本质特征、必然的运动发展来认识某类事物的共同本质和普遍规律。

美国著名学者（诺贝尔奖获得者）斯佩里通过研究"裂脑人"发现，人脑左半球主要管理人体右侧运动，具有逻辑思维、求同思维以及言语、计算等能力，名为"理性半球""逻辑半球""知识的脑"。左半球比右半球有强得多的控制能力。右半球主管人体左侧运动，具有直觉思维、求异思维，偏重于对音乐、舞蹈、节奏、绘画等空间形象感受和识别能力，与人的想象能力相对应，名为"情感半球"或"创造的脑"。形象思维的生理机制来自大脑右半球。实验证明，科学家在紧张进行研究工作时，大脑左半球是明亮的，表示其抽象思维异常活跃；而右半球也稍有亮点，但大半区域是暗淡的。相反，艺术家在艺术创作的高潮时，右半球是明亮的，左半球也有些亮点，但大片区域是暗淡的，表明形象思维在正常运动。同时也说明，在思维活动中，以某种思维为主，需要多种思维的相互配合、协调统一。

（二）形象思维的过程

形象思维作为一种认识活动，体现着感性和理性的统一，认识活动和指导实践的统一。形象思维作为一个完整的认识过程，它要经历"两次飞跃"，即经历从感性形象认识向理性形象认识的飞跃，再经历从理性形象认识向实践的飞跃，形象思维才能通过实践反馈而反复循环，不断由低级向高级发展。我们可以把它分为初级、过渡、高级三个阶段来理解。

1.初级阶段——感受摄像储存

（1）形象感受。形象思维须以形象感觉为基础才能进行。对事物较完整的感性直观产生于知觉。形象视觉和另一种感觉集合，一般会构成知觉形象，其他感觉对视觉形象起补充或修正作用。例如，我们漫步园囿，一少妇姗姗走来，恍若仙女，但她乱扔果皮，随地吐痰，口出秽语，这最初形成的美的形象感觉，就被丑的整体形象知觉代替了。

形象感受是形象思维的第一个环节，是思维的基础，是艺术想象的依据。形象感受有主动与被动、局部与整体、有序与无序、初次与反复之分。列夫·托尔斯泰在创造安娜·卡列尼娜的形象时，曾经从普希金的女儿那儿得到形象感受，获得美感启发，把她作为原型，作为艺术想象的依据，不论在性格还是外表的塑造上，都贯注着她的神思。这是一种主动的、整体的、有序的、反复的感受。如果我们硬被拖去游览某风景区，从未到过那地方，心中老想着其他的事，那么对风景区的感受则是被动的、局部的、无序的、肤浅的。而形象感受则必须有主体的积极参与，多方面感知，反复思考，才能获得真切的感受。

（2）形象摄像。摄像是形象思维过程的起点形态。它是思维过程的第一个关口，它是由感性认识进入形象思维过程，既相互联系又根本区别的边界关口。

摄像是在表象的基础上摄取有特征影像的认识形态。它保留了表象的直观可感性，但它所摄取的是经过选择的富有特征的影像。摄像有动静之分，局部整体之别。

动态摄像。它是指摄取对象在活动中有特征性的影像。它通常是对象活动各发展阶段有特征的表象的综合。如《药》的第一部分，写华老栓买"药"，从准备出门，走向目的地，在刑场向康大叔买人血馒头，以及看客们"鉴赏"杀人"盛举"的场面。通过这些动态摄像，来反映华老栓与看客的愚昧、麻木，揭露封建统治阶级镇压、毒害人民的罪行，勾勒出夏瑜惨遭杀害的社会环境。以上摄像动中有静。

局部摄像。它是指摄取对象局部具有的特征性的影像。如郁达夫在《故都之秋》中对北国秋天的槐树进行这样的摄像："北国的槐树，也是一种能使人联想起秋来的点缀就像花而又不是花的那一种落蕊，早晨起来，会铺得满地。脚踏上去，声音也没有，气味也没有，只能感出一点点极微细极柔软的触觉。"作者对北国之秋所突出摄取的对象是槐树，从局部使人感到秋意悄悄来了。

整体摄像。它是指摄取对象整体有特征性的影像。如《祝福》的开头对祥林嫂的死和死前的悲惨形象就进行了整体摄像，借以突出悲剧色彩，造成强烈悬念，使小说一开始就具有动人心弦的艺术力量。

（3）形象储存。感觉形象和知觉形象在头脑记忆中的储存称为印象。表象是对记忆下的印象的回忆。表象与感觉、知觉印象相比，具有一定的间接性、概括性，它的反复进行就使表象可能变成反映事物特征的摄像。如从一张秋天红色的枫叶，概括出众多的秋天的枫叶都具有红色的特征。这就为感性形象认识向理性形象认识的转变提供了可能性。

形象储存是形象思维的第二个环节。既有形象的感受，又有形象的储存记忆，印象清晰，而且有可能把握住生动的细节，成功地进行艺术创作。魏巍在朝鲜战场，通过切身感受，在脑海里储存了大量的中国人民志愿军战士的崇高形象、动人事迹，因此进入创作过程后，才能对保存在记忆中的印象回忆产生的表象按主题需要进行精选。

2.过渡阶段——判断加工意象

形象思维的过渡阶段要进行形象判断。这是继感知、储存之后，形象思维的第三个环节。它可分两类：一是简单直觉形象判断，指对客观事物表面形态的识别辨认。动物只有简单直觉形象判断，如军鸽能从千里之外飞回营地。二是复杂直觉形象判断，指对客观事物表面形态的识别与内在实质理解的辩证统一。

诗人与画家用不同的形式，创造了美的形象。这形象，反映了作者对自然美的感受、观照。当我们沉醉于美景，也许并未想到什么，而感到的是它的形式。诗人查慎行漫步溪边，见繁星、远山、园林、树荫、萤火、山泉，听蛙鸣、听水声，心感自然的优美，赏心悦目于美感中，似乎并未沉思。我们观自然美景，看文艺佳作，也离不开直观感性形象给人的印象，美学家就把人们在观赏美、创造美时的感性心理特征，叫作美感直觉，也叫审美直觉。过渡阶段，要由感性形象向理性形象过渡。这个阶段主要通过对感知印象的"由此及彼、由表及里、去粗取精、去伪存真"的过程而形成直觉。意象属于观念形象，表象、摄像是连接感性和意象环节，在表象、摄像基础上进行的形象思维。意象，是对摄取并储存在头脑中的影像信息进行改造，是对过去记忆中已形成的那些暂时联系进行新的组合，是对已有影像的新的加工与判断。通过加工与判断，人们便有"意"把某类事物的特征概括熔铸于创造出来的新形象之中。

语文教学中的意象，主要有以下几类：

（1）动态意象。指捕捉、概括对象某些动态特征，能够反映某类特定本质的意象，如《祝福》中的祥林嫂脸上瘦削不堪，黄中带黑，而且消尽了先前悲哀的神色，仿佛是木刻似的；只有那眼珠间或一轮，还可以表示她是一个活物。鲁迅抓住"眼珠间或一轮"的特征所塑造的动态意象，仅一个细节就反映了祥林嫂惨遭迫害的悲剧命运。

（2）静态意象。指捕捉、概括对象某些静态特征，能够反映某类特定本质的意象。如《琵琶行》中"别有幽愁暗恨生，此时无声胜有声""东船西舫悄无言，唯见江心秋月白"，就是在静中传出无限情意的动人意象。前两句使人感到余音袅袅，余意无穷。

（3）局部意象。指捕捉、概括对象局部特征，反映某类事物特定意蕴本质的意象。如《祝福》中对鲁四老爷房中陈设的描写，达到了表现一定"气氛"和人物性格的目的。当鲁四老爷陈列福礼、恭请福神的时候，祥林嫂却怀着疑惑和极度的痛苦死在雪地里，通过这一意象，就揭示了封建礼教吃人的本质。

（4）整体意象。指捕捉、概括事物的整体特征，反映某类事物特定本质的意象。鲁迅说："人物的模特儿也一样，没有专用一个人，往往嘴在浙江，脸在北京，衣服在山西，是一个拼凑起来的角色。有人说，我的那一篇是骂谁，某一篇又是骂谁，那是完全胡说的。"当鲁迅和小说家们对他们的"模特儿"进行"拼凑"的时候，必然要多侧面、多角度地对其意象进行综合与概括，这样才能形成完整的整体意象。

（5）无形意象。指捕捉、概括视觉看不见的对象特征，反映某类事物本质的意象。如《阿Q正传》中阿Q在土谷祠里幻想革命，想到杀人，搬物，选女人，纯属心理活动。鲁迅将其无形的幻觉"复现"为具体的意象，就能揭示阿Q式革命的本质。

（6）变形意象。指改变事物的形体，以概括事物的特征，反映某类事物特定本质的意象。如古埃及的人面狮身像，安徒生童话的美人鱼塑像，《西游记》中有关孙悟空、猪八戒、白骨精等的意象，都是变形意象，它具有巨大的生命力，同样能从特定的角度揭示事物的本质。广泛而言，文艺中的一切典型，与现实生活中的真实形象相较，都是变了形的。

3.高级阶段——联想想象造像

形象思维从摄取影像，到意造新象，再到典型造像，就形成了形象思维过程由低级，经过渡，到高级阶段的三个层次。典型形象的造像，就是对意象的"部件"进行"总装"，就是要在意象对生活进行一般概括的基础上，对生活进行典型概括。

典型概括的过程，是由个别到一般的思维过程，但这个过程主要不是抽象的判断与推理，而是典型形象的"再现"与"显示"，为此就离不开联想与想象。联想是从一事物想到另一事物的思维活动。意象是形象思维的细胞，本质上讲，形象思维的联想是从一个意象想到另一个意象的思维活动。联想以记忆为前提，没有对意象的记忆就没有联想。如我们保留在记忆中的"松树的风格"这一意象，可以联想到松树乃至杨柳的品行。联想通过揭示意象之间的关系，来反映意象的内容。如我们把穷人与杨白劳联系起来，可体现共性与个性的关系；把喜儿和黄世仁联系起来，可体现矛盾对立的关系；把杨白劳与喜儿联系起来，可体现父女之间相依为命的关系。意象的内容，就可在意象与意象的联系中揭示出来。

联想在反映意象之间关系的过程中，体现出对意象有所断定与评价的功能。

联想要将各种意象联结来揭示意象内容。如杜甫的诗句"朱门酒肉臭，路有冻死骨"，反映了贫富差别，揭示了统治者剥削劳动人民的残酷社会现实。我国古典文学中常用的比兴手法，就是诗歌中以形象对比为主要形式的联想活动。

联想的基础是客观事物形象的相似性与接近性。但这相似与接近都不是绝对的。世界上没有两个人的相貌长得绝对一样，我们由浪里的鱼，想到梁山泊水中英豪张顺，是因二者在善游方面相似，故名之曰"浪里白条张顺"；我们由打虎武松的意象，想到卖烧饼的武大郎的意象，因他们是两弟兄，比较接近，但具有不确定性。

然而，形象思维的联想又有一定的确定性，它表现在"像与不像"之间有一定的伸缩范围，车队长，才像一条河，一辆车子不可能像一条河。张顺善游泳，才似浪里白条，若是"旱鸭子"，就不能如此取名。这"像与不像""接近与不接近"，就包含形象思维联想的确定性与不确定性。所以，只有从确定性与不确定性相统一的观点出发，才能正确判断某一具体的形象思维联想是否符合客观实际。

想象，是人脑在联想的基础上加工原有的意象而创造出新意象的思维活动。联想只是由一种已知意象唤起另一种已知意象，从而揭示意象的内容与本质关系，并不创造新意象，而创造性则是想象的突出特点。例如《小二黑结婚》中的三仙姑及女儿小芹，就是赵树理用熟悉的生活实例在他头脑中形成的意象，创造出的新形象。

想象也要使用形象分析、比较、综合、概括等方式来加工理性意象，而绝非只是加工感知形象和表象。想象要在联想的基础上加工原有意象，创造新的意象。在联想和想象的基础上塑造典型形象，运用形象思维提炼、加工，使其具有典型性、立体性和真实性，这样产生的新形象才具有艺术的生命力。

（三）形象思维训练

形象思维训练从心理素质的角度考虑，在语文教学中，主要应对各种类型的联想、想象、表象、意象、情感等与心理成分相关的环节进行训练。

1. 从仿写到创新的训练

仿写属模拟思维活动，模拟思维是对某种现成的事物或现象进行仿效的一种思维形式。

学生进行仿写练习，有助于创造性思维的发展。在语文教学，仿写既可提高学生的写作能力，也能加深其对课文的理解，课文中获得的多方面的知识，得到进一步的巩固、提高。这种以写促读、以读助写、相得益彰的写作训练方法，对提高教学质量很有帮助。

（1）仿拟构思的训练。韩愈主张学古文要"师其意，不师其辞"。"师其意"就是指要学习范文的立意构思、选材剪裁、谋篇布局等方面的优点。如茅盾的《风景谈》，通过六幅画面——自然风光的描写，进一步赞颂主宰风景的人——解放区军民的生活和斗争，抒发深情。可结合课文，仿拟构思，以《风景新谈》为题作文。

仿写应从小学抓起，小学二三年级开篇就应以仿写为主，初中阶段的仿写，比高中阶段的仿写更为重要，小学、初中的仿写基础打好了，高中仿写就能出新意、创新篇。

（2）仿写技巧训练。写文章既要有好的主题与材料，又要掌握熟练的写作技巧，才能更好地表达自己的思想，使文章的形式和内容水乳交融。作者运用语言，通过一定的表现手法，处理材料与中心的关系，除了记叙、描写、抒情、议论等表达方式外，还有各种修辞手法的仿效与运用，各种写作特色与风格的借鉴、学习。

（3）仿写语言训练。如果说主题是文章的"灵魂"，材料是"血肉"，结构是"骨骼"，那么，文章的语言就好比构成人的生命基础的"细胞"。所谓"言之无文，行而不远"，从形象思维的角度考虑，主要应模仿练习那些生动形象、通俗朴实、含蓄简练的语言。

2.联想思维训练

联想是由一个事物想到另一个事物的心理现象。具体说，客观事物以一定的关系彼此联系作用于人脑时，会在大脑形成各种暂时联系；在作用终止后，这种暂时的神经联系以痕迹的方式留在头脑中；在一定条件下，这种联系可以活跃、恢复起来。

联想是想象的初级形态，它跟想象一样，在语文教学中具有重要的意义。比如，分析课文，须具有联想力，才能思考清楚现象与本质、内容与形式的关系；较强的联想力是作文精巧构思的基础，是用好语言的条件。修辞中的比喻拟人等，实际上是各类联想的不同表现，排比句、递进句，乃是横式联想、纵式联想的不同表现方式。各类体裁的文学类课文，从写作到教学都必须借助联想才能完成。

联想训练可以从对比、接近、相似、追忆、因果、推测和连锁方面进行。

（1）对比联想训练。对比联想是由对某一事物的感知引起相反特点的事物的联想。如古代民歌"月儿弯弯照九州，几家欢乐几家愁，几家高楼饮美酒，几家流落在街头"就运用了对比联想。中学课文中的对比联想很多，如《从百草园到三味书屋》，就是用充满无限乐趣、令人无限向往的百草园，来反衬对比枯燥乏味的三味书屋。再如《苏州园林》，作者采用对比联想的写法来突出事物特征，效果极佳。介绍布局，将苏州园内亭台轩榭的布局跟宫殿住宅相比，突出了苏州园林讲究自然之美、自然之趣的特点。对比联想的训练方法很多，如设计《××的变迁》《××的联想》之类的习题，让学生用对比联想的方法写作。

（2）接近联想训练。接近联想是指相邻的事物因时间或空间的接近而引起的联想。如《谁是最可爱的人》中有段文字："亲爱的朋友们，当你坐上早晨第一列电车走向工厂的时候，当你扛上犁耙走向田野的时候，当你喝完一杯豆浆，提着书包走向学校的时候，当你坐在办公桌前开始这一天工作的时候……朋友，你是否意识到你是在幸福之中呢？"这一组排比句写的事情都发生在清晨，因时间相同而发生联想。

（3）相似联想训练。相似联想是由对一件事的感受引起的同该事物性质形态相似事物的联想。如《绿》中写道："那醉人的绿呀，我若能裁你以为带，我将赠给那轻盈的舞女，她必能临风飘举了。我若能挹你以为眼，我将赠给善歌的盲妹，她必明眸善睐了。"训练时，要让学生明确，其中有一组因形态与特征类似而构成的相似联想："带"与"眼"分别显示舞女与盲妹的活力，人们又爱把"绿"视为生命的象征，故作者巧由潭的绿波颤动，联想到"带"的飘举和"泪"的流转。这样的相似联想，自然、优美、精巧。教师只做简单提示，学生便能由物及人，展开相似联想。

（4）追忆联想的训练。追忆联想指由现实生活中的某一事物，引起人们对经历过的生活、见闻、知识等的回忆。徐迟写作《在湍流的漩涡中》，对周培源从20世纪30年代到70年代的经历，先是按时间顺序写，像记"流水账"一样。后来，他丢弃长达23000字的原稿，抓了"一刹那"，把事件集中在一个晚上，再通过回忆加以展开，通过这种追忆联想的方法，使作品顺理成章，紧凑凝练，以7000多字的篇幅表现了人物坚定的斗争精神与丰富的内心世界。《祝福》先写祥林嫂在爆竹声中死去，再回忆她的一生，也是用追忆联想的方法。中学生写童年生活的回忆，就可用追忆联想。

（5）因果联想的训练。因果联想是由原因想到结果，或由结果想到原因的思维方法。《荔枝蜜》就用了因果联想的写法："小时候有一回上树掐海棠花，不想叫蜜蜂蜇了一下，痛得我差点儿跌下来"，"从此以后，每逢看见蜜蜂，感情上疙疙瘩瘩的，总不怎么舒服。"后来是因为喝了"忙得忘记早晚"的蜜蜂酿造的荔枝蜜，才"觉得生活都是甜的呢"；是因为了解蜜蜂用短促的一生"为人类酿造最甜的生活"，就像辛勤的农民"为后世子孙酿造生活的蜜"一样，所以"我"才由讨厌蜜蜂，到"梦见自己变成一只小蜜蜂"。《荔枝蜜》的因果联想用得多么的巧妙啊！在作文中写使自己喜、怒、哀、乐的人与事，可用因果联想的方法去写出原因。

（6）推测联想训练。推测联想是根据已经知道的事情来推测不知道的事情的一种联想方式。例如,《从百草园到三味书屋》:"我不知道为什么家里的人要将我送进书塾里去了,而且还是全城中称为最严厉的书塾。"进书塾是知道的事情,只是不知为啥要进这"最严厉的书塾",所以才从童心出发展开推测联想:"也许是因为拔何首乌毁了泥墙罢,也许是因为将砖头抛到间壁的梁家去了吧,也许是因为站在石井栏上跳了下来罢。"作者运用联想推测原因。

(7)连锁联想训练。连锁联想是指运用联想的方法把几种事物一环扣一环地串联在一起,也可以从同一事物的不同方向进行两种以上的联想。如《荔枝蜜》由荔枝树想到荔枝蜜,由荔枝蜜想到蜜蜂的劳动,由蜜蜂的劳动想到农民的劳动。这是一环扣一环的联想。

3.想象思维训练

主要从再造想象与创造两个方面进行训练。

(1)再造想象训练。再造想象,就是根据别人对某一事物的描述,在自己头脑中形成新形象的过程。在阅读过程中,再造想象占据突出的地位。读者正是根据作者所提供的语言信息,唤起头脑中的有关表象,并根据作者的提示进行新的组合,从而再造新的形象。再造想象的训练,可将短小、生动、形象的古今诗歌,让学生改写为故事、散文,要求能再造出新的形象来。

(2)创造想象训练。创造想象就是不以现成的描述为依据,在头脑中独立地创造出全新的形象的心理过程。比如,"暴躁"是一种情绪,看不见,摸不着,茅盾在《追求》中,却直观地、具体地、形象地用语言把它描述了出来:"她暴躁地脱下单旗袍,坐在窗口吹着,却还是浑身热辣辣的。她在房里团团地走了一个圈子,眼光闪闪地看着房里的什物,觉得都是异样地可厌,异样地对她露出嘲笑的神气。像一只正待吞噬的怪兽,她皱了眉头站着,心里充满了破坏的念头。忽然她疾电似的抓住一个茶杯,下死劲摔在楼板上,茶杯碎成三块,她抢进一步,踹成了细片,又用皮鞋的后跟拼命地研矸着……"在这里,人物的暴躁情绪具体生动地展现了出来。

培养想象创造力，可多做类似具体化的思维训练，如写一个"勇敢"的人，或者写一个"骄傲"的人，或者写一个"谦虚"的人，或只把其中的一个概念形象化，发挥想象，使其生动感人。

4. 情感思维训练

一般的情感是人们对与之发生关系的客观事物（包括自身状况）的态度的体验。审美情感以日常情感为基础，不仅是个人需求的主观满足，而且是审美需要与理想的满足。这其中包含着主体对审美对象理性的、社会的评介，故属高级情感类型。或者说，审美情感是为了满足自己审美活动的需要而产生的态度体验。情感作为人对客观事物的态度体验，是兴趣的诱因。它使人的注意、感知、思维倾向于某一阅读和写作对象，促进智能的更好发挥，学生对阅读写作有了稳定而深厚的情感思维，就会怀着浓情蜜意去从事阅读和写作。情感思维训练可从以下两方面进行。

（1）情境思维训练。"登山则情满于山，观海则意溢于海"，"情以物迁，辞以情发"情境思维训练，以课文语言为据，引导学生进入情境，产生情感。学习《海燕》，把学生带入暴风雨将起、暴风雨逼近、暴风雨降临三个情景交融的境界，学生的情感必然受到感染。如在暴风雨即发的场面中，作者呼唤"让暴风雨来得更猛烈些吧！"进入情境的学生，也会像海燕一样，感受一种战斗的激昂的欢乐的豪情。

（2）共鸣思维训练。课文的感染力是学生产生共鸣的客观条件。当学生的情感被课文的情感所"俘虏"、所"征服"，就会引起强烈的情感反应。《琵琶行》中，琵琶女凄凉话身世，血泪抚孤琴，惹得江州司马青衫湿，情动于中的学生受到感染，引起共鸣，也会掬一把同情之泪。

学生带着情感思考社会生活，有利于把握社会生活现象的本质；但只有培养健康高尚的审美情趣，才会在情感上厌恶假恶丑，热爱真善美。

5. 课堂形象思维训练

提高课堂形象思维的教学艺术水平，需要注意与形象思维的训练紧密结合，并注意以下环节：

（1）形象美的导入与练习。课堂导入的方法可以千变万化，而注意形象美的导入，效果必佳。据报刊介绍，在纪念周总理逝世一周年时，于漪老师教《周总理，你在哪里？》用了一则新闻开头："同学们，你们知道吗？就在最近，我国男高音歌唱家李光羲在法国唱了一支歌，轰动了整个巴黎，博得了崇高的声誉。为什么呢？因为他唱的歌，不仅唱出了我国人民的心声，而且唱出了世界人民的心声……今天，我们要上的课，就是这首歌的歌词。"

在生动形象的启发下，学生仿佛真切地感受到了歌曲深沉、高亢的旋律：仿佛山谷在回响，大海在呼啸，千山万水都在深情怀念周总理。学生们在练习朗读时，也就禁不住声泪俱下了。这样导入，就把教师从教学主体转化成了审美对象，因而能形象地激起学生美的思绪与情感。

（2）形象美的导读。不同的课文，应采用不同的形象思维导读方法。如，学过《荷塘月色》后，已领略了其中的"优美"情境，这是一般审美的满足。学《荷花淀》时，就可以旧导新，从而深入学习，白洋淀的美景把读者带入了一个诗情画意的境界，这个形象的境界与《荷塘月色》的一样"优美"，但与朱自清笔下的荷叶荷花在质地上又有区别，可要求学生展开形象思维，思考比较。

《荷塘月色》的描写是：

荷叶——"出水很高，像亭亭的舞女的裙。"

荷花——"有袅娜地开着的，有羞涩地打着朵儿的，正如一粒粒的明珠，又如碧天里的星星。"

《荷花淀》中的"相似"描写是：

荷叶——"迎着阳光舒展开，就像铜墙铁壁一样。"

荷花——"高高地挺出来，是监视白洋淀的哨兵吧。"

两相比较，《荷塘月色》对荷叶、荷花的描写具有阴柔之美，《荷花淀》中的描写，则使人感到一种阳刚之美。这样就能发展学生的形象思维。

（3）形象美的导思。课堂教学训练学生的形象思维能力，需在导思上多下功夫。导思的方法很多，可通过优美辞章、典型人物、生动意境等方面展开比较思维，使学生更好地受到作品情操美、形象美的陶冶。以朱自清的三篇散文为例，学生先学了《春》，已形象感受到它的明朗、热烈，理解了作者怎样用细腻、形象、动人的彩笔，描绘了充满诗情画意的春天。教学中以读促写，是一条提高学生读写能力的好路子，也有利于发展学生的形象思维。学过散文后，可引导学生到生活中去采撷形象美的花朵。学生一旦张开形象思维的翅膀，就会发现，"物之生而美者，盈天地皆是也"。学生具有感受形象美的能力，一抔黄土，一株杨柳，一朵月季，一片朝霞，等等，可以成为咏赞的对象；绚丽夕阳，涓涓山泉，展翅春燕，可以勾起缕缕情思。只要学会了形象思维，就可以去思索自然美的奥妙，形象地感受美：春日踏青，夏日郊游，陶醉于青山绿水之间，感到万水千山总是情。学会了表现美，就会借鉴课文写法，去歌颂白塔晨钟，黄山烟云，太湖碧波，峨眉日出，西湖夕照，去歌颂千千万万的普通劳动者像青松、像梅竹一样的品格；去赞美园丁们像红烛一样的奉献精神。这就是形象思维结出的累累硕果。有了这样的基础，我们的青少年就可以自觉地向形象思维的创造高峰攀登。

二、抽象思维与语文教学

抽象思维与直观动作思维和形象思维相对应。根据思维活动的特点和人对对象的掌握程度，区分为抽象理性思维和具体理性思维；逻辑学界把思维分为形式逻辑思维和辩证思维；哲学界把思维分为形而上学思维和辩证思维。实际上，形式逻辑思维指的就是抽象理性思维。

（一）抽象思维的含义

人们在认识过程中，借助于概念、判断、推理等思维形式，进行理性思维或概念思维合乎逻辑地反映现实的过程，都属于抽象思维的范畴。

抽象思维来自客观现实变化的规律性。在实践中，人脑要对感性材料进行加工制作，逐渐产生认识过程的突变，一旦形成概念，抓住了事物的本质、全体、内部联系，就认识了事物的规律性。在此基础上，人们可以进一步运用概念构成判断，又运用判断进行推理。这个运用概念构成判断、进行推理的阶段，就是思维的理性阶段。概念、判断、推理，就是抽象思维的形式。概念、判断、推理是如何形成的？这就有一个具体、全面、深入认识事物的本质和内在规律性关系的方法问题。方法不少，如具体与抽象的统一、特殊与一般的统一、归纳与演绎的统一等等。此外，抽象思维还要遵循同一律、不矛盾律、排中律、充足理由律等基本规律。

（二）抽象思维训练

1. 概念思维训练

我们经常碰见的概念，是事物的特有的本质属性在人们头脑中的反映。对中学生的概念思维训练，应注意以下几点：

（1）初步了解概念特性

第一，概念的客观性与主观性。概念的客观性表现在它是客观事物抽象、概括的反映；它的主观性表现在形式上，即概念是人脑在感性材料的基础上，经过复杂的改造制作，抛弃了感性事物的丰富想象，舍弃了非本质的、偶然的东西，把事物中的本质的、必然的、普遍的、共同的东西抽取出来，以词语给它下一个定义，这才形成了反映事物本质的概念。

第二，概念具有确定性。客观事物虽在总体上处于绝对运动中，但每一具体事物及其过程都有相对稳定性，每一事物都有自身的质的规定性和确定性，一事物与他事物的区分也是确定的。这就从根本上决定着概念具有确定性。例如，由两个氢原子和一个氧原子化合而成无色、无味、无臭的液体，在标准大气压下冰点为摄氏零度、沸点为摄氏一百度、摄氏四度时比重为一……这些就是水的特有属性，人们就可以根据这些特性把水和其他事物相区别。

第三，概念的抽象性。抽象思维的概念，是内涵和外延的对立统一，概念既是抽象的，又是具体的。抽象思维在研究概念时，把概念的外延当作概念所反映对象的范围大小和数目多少，把内涵当作概念在这个范围内的所有对象的共同属性，进而得出一个规律：即概念的外延越大，其内涵就愈小；反之，外延越小，其内涵就越大。

（2）概念内涵与外延的训练

概念与语言的关系，是思想内容与语言形式的关系，二者联系紧密，区别明显。一方面，概念须借助语词才能形成与表达；另一方面，语词能表示一定的事物，说出来别人懂，在别人头脑中有相应概念。概念的区别可从以下四个方面训练：

第一，概念必须由词表达，但词不一定都表达概念。表达概念的主要是实词，虚词一般不表达概念。

第二，有的概念由一个词表达，如"建设""社会主义""精神""文明"；有的概念由短语表达，如"建设社会主义精神文明"。

第三，一个概念采用什么语词形式，不是必然的，同一个概念可以有不同的形式。如汉语中的"自行车""脚踏车""单车""洋马儿"（即自行车，四川方言）等都是一个概念。

第四，不同的概念可以有相同的语言形式。也就是说，同一语词可以表示不同概念。

2.判断思维训练

概念是浓缩的判断，判断是展开了的概念，是在概念基础上发展起来的一种更高级、更复杂的思维形式。判断是对事物情况的断定，或者说是肯定或否定客观事物具有某种属性的思维形式。

判断的基本形式是"主词—系词—宾词"。例如在"开好在北京举办的亚运会是全中国人民的共同愿望"这个判断中，主词是"亚运会"，宾词是"愿望"，"是"为系词。

表达概念的语言形式是词或短语，表达判断的语言形式，一般是陈述句，例如："巴蜀之春是美丽的。"感叹句、祈使句、疑问句一般不表判断。但也有例外，有些感叹句能表判断，如："青城山的夜晚，多么幽静宜人！"反问句是用疑问语气表达更为确定的意义，例如："我们难道就被这点小小的成绩冲昏头脑了吗?"

判断可分为简单判断与复合判断。

（1）简单判断训练。简单判断又叫直言判断，是只包含一个主词、一个宾词和一个系词的判断。简单判断还可继续分类：根据系词的性质，可分为肯定判断与否定判断；根据判断对象的数量范围，可分为单称判断、特称判断和全称判断。

（2）复合判断训练。由两个或两个以上的简单判断组成的判断叫复合判断。组成复合判断的那些简单判断，叫作复合判断的支判断。

3. 推理思维训练

推理是由一个或几个已知的判断推出一个新判断的思维过程。例如，已知"符合入团条件的共青团员都是热爱中国共产党的"。根据这个判断，可推知"不热爱中国共产党绝不是符合条件的共青团员"。

推理由前提和结论组成。前提是指推理所依据的已知判断，结论是指前提通过推理得到的新判断。前提与结论的关系是理由与推断、原因与结果的关系。汉语中的因果复句和含有因果关系的句群，都是表达推理的。根据推理方向、推理形式可分为演绎推理与归纳推理。

（1）演绎推理练习。演绎推理的主要特征是从一般原理或普遍情况推出关于个别事物的结论。演绎推理有三段论、假言推理、选言推理等形式。

（2）归纳推理练习。归纳推理是由一些个别的特殊的事例推出同一类事物的一般性结论的思维形式。教师可结合阅读教学，通过具体课文的段落分析，让学生初步懂得一些推理的思维形式。例如《崇高的理想》第二自然段，先用归纳推理得出结论理想是有社会性、阶级性的。接着又以这个结论为前提，用演绎推理推出另一结论："因此，我们在谈到理想问题的时候，就要分辨出什么样的社会和什么样的人，而这些人又抱有怎样的理想，然后才能做出确切的评价。"

4. 抽象思维规律训练

我们要用口头语言和书面语言准确地表达自己的思想，应该做到概念明确，判断恰当，推理合理。要做到这些，还必须遵守形式思维的基本规律，即同一律、矛盾律、排中律、充足理由律。

（1）同一律训练。同一律是关于思维准确性的规律，即是说，运用同一概念必须保持同一意义，保持同一的外延和内涵，不能偷换它的意义。一个判断，一个论题，也应保持同一性，不能中途任意转换、变更。

（2）矛盾律训练。矛盾律是关于思维首尾一贯的规律，即是说，在同一时间、同一关系上，不能对同一对象做出相互矛盾的判定，否则就会导致思维中的逻辑矛盾。

（3）排中律训练。排中律是关于思维明确性的规律，就是说，在同一时间同一关系上，对同一事物的两个互相矛盾或反对的论断，必须做出明确的选择，肯定其中一个而否定另一个，不能有第三种选择。

（4）充足理由律训练。充足理由律是关于思维根据性的规律，也就是说，一种思想必须有被证实的正确思想作为根据，一种观点必须有已被证实的正确观点作为充足理由，否则这种思想与观点就不符合充足理由律的要求。

以上四条规律相互联系在一起，任何正确的论断与论断体系，皆须同时遵守这四条形式思维的规律；也就是说，这四条规律是统一的，统一于正确的、符合逻辑的思维论断之中。

5. 类比思维训练

在认识客观事物的历程中，有时可按照两类事物的相同属性，推出其中一类事物的未知属性与另一类事物的属性也完全相同，这种思维形式，就是类比思维。

类比是一种从个别到个别的思维方法，人们历来很重视它。开普勒把它喻为"自然秘密的参与者"，是自己"最好的老师"。康德说"每当理智缺乏可靠论证的思路时，类比这个方法往往能指引我们前进"。黑格尔说，类比的方法，"在经验科学里占很高的地位，而且科学家也曾依这种推论方式获得重要的结果"。这些言论足见类比在思维中的重要性。

（1）立意类比训练。立意类比，就是抓住异类事物之间的相似点，进行由此及彼、由表及里的分析提炼，以求得与类比事物本质特征相似的道理，从而确立文章的中心论点。

（2）论证类比训练。论证类比法是将两种相类似的事物放在一块进行比较，根据已知事物的某些特点来推论、证明所要论证的事物，它是建立在类比推理基础上的一种求同或同中求异的论证方法。

类比论证与比喻论证的相同点在"比"，都属于比较论证法。相异点在于：比喻论证重在以具体喻抽象，有助于生动形象地说明道理；类比论证则是着重于直接类推事理，揭示所论证事物的内涵，突出所论证事物的特征。

6.纵横思维训练

纵横思维训练包括纵向与横向两个方面。纵向思维是按时间推移、事物发展变化进程来思考问题的思维方法；横向思维是以一事物为中心，由此及彼、由近及远地向与之相关的其他事物进行广泛联想的思维方法。

（1）纵向思维训练。纵向思维是相对于横向思维而言，任何事物，从开端、经过到结局，总有一个纵向的发展历程。

（2）横向思维训练。此种思维方法，运用极广。在说明文中以空间转换为顺序的，即可安排横向思维结构。

7.课堂抽象思维训练

怎样通过课堂教学来训练学生的抽象思维能力呢？可以通过议论文的教学来培养学生的分析、综合、抽象概括、系统化等抽象思维能力。为了培养学生的综合分析能力，应先与单元教学相结合，就一篇课文来讲，可引导学生做常规性的总结段落、归纳中心思想等练习；就一个单元的学习来说，要引导学生将单元中零散的知识系统化。学期结束时也要对整册课文做综合分析。到初中、高中毕业时，由于学生平时具有了较强的分析、综合能力，就能有条不紊地进行总复习。

课堂中的比较教学，是培养学生抽象思维的条理性、深刻性的好办法。

例如对中学课文中的论证方法加以分析比较，就会认识到归纳法、演绎法、类比法、层递法、引用法等方法各有何特点，它们在论证过程中，有何作用。这样，就能把握论证的思维流程。

为了培养学生思维的条理性、深刻性，中学各科都应注意知识的系统化。以语文科为例，要使学生的知识系统化，可让学生编写结构提纲、论证提纲、说明提纲、人物提纲、景物提纲、事件提纲、课堂讨论提纲等。就一个单元、一册课文来讲，还可写单元提纲、期末复习提纲，指导学生设计各种使知识系统化的表格，便于归纳整理。

对中学生进行抽象思维训练，总的来说，应结合听说读写训练进行，不必在概念、术语上兜圈子。

三、辩证思维与语文教学

辩证思维是使运动着的包含多样性规定的客观对象，在人脑中得到再现的思维。即是说，辩证思维从多样性的统一方面去把握运动着的现实世界。

（一）辩证思维含义

（1）"所谓辩证思维，就是反映客观现实的辩证法，自觉或不自觉地按照辩证法去进行思维。"恩格斯说辩证的思维，不过是自然界中到处盛行的对立中的运动的反映。

（2）辩证思维与思维的辩证法既有区别又有密切联系。思维的辩证法是指思维自身所具有的辩证性质以及思维运动发展的辩证规律。

（3）思维内容的辩证运动与发展，如我们认识事物，是从无知、知之较少到有知、知之甚多，从认识部分到认识整体，从认识现象到认识本质，从认识个别到认识一般，凡此种种，这就是从感性具体，通过有目的的思维活动，到思维抽象，再从思维抽象上升到思维具体的辩证运动过程。这一过程通过概念、判断、推理等思维形式的矛盾运动而表现出来。思维的辩证法存在于思维领域，并在其中发生作用，它是认识发展的规律。最终，它把客观事物的辩证法在认识中加以再现，这就实现了辩证思维。

（二）辩证思维的特征

1. 全面地、统一地认识事物

辩证思维考察事物，必须看到事物的正面与反面、侧面以至各个方面，由此将事物组成一个统一体去认识；力求从中找出决定事物本质和事物运动发展的特殊矛盾，即找出事物的既相互对立又相互联系的两个方面，把事物当成对立面的统一体来把握。

2. 灵活地、变化地考察事物

辩证思维考察事物及事物在人脑中的反映，不是凝固不变的，而是运动变化的。它要考察事物的现状、历史、未来；它对已有的事物，总是把它当作历史发展全过程中的一个阶段或环节来考察。正如马克思指出的那样："在对现存事物的肯定的理解中同时包含着对现存事物的否定的理解，对每一种既成的形式都是从不断的运动中，因而也是从它的暂时性方面去理解。"

3. 系统地、联系地考察事物

辩证思维考察事物切忌孤立性、片面性，而是看作内部与外部联系的有机整体或系统。以此眼光去考察事物外部与内部诸因素的相互联系，考察一事物与其他事物之间的相互影响与制约。这样，就可把事物放在特定的系统中，进行相互联系的立体的思维。

4. 具体地、实践地考察事物

辩证思维是从实践的观点出发，以获得关于认识对象的具体真理的思维。人们认识到事物及其联系的实践过程，必然制约、影响着辩证思维的全过程。也就是说，要进行辩证思维，必然把实践过程作为思维运动的基础。用实践的观点去研究语文教学的指导思想、原理原则、大纲、教材、教法是否符合教学要求、符合培养目标。只有这样，对语文教学改革才能看得深远，才能解决具体问题。辩证思维是具体的思维，这里的"具体"就是符合语文教与学的客观实际及其规律。

（三）辩证思维训练

辩证思维的任务是把事物的矛盾运动作为一个多样性的统一体在思维中再现出来。为此必须明确：思维须通过思维形式、思维方法的矛盾运动，经历一定的阶段和程序，这些必经的阶段和程序，就是辩证思维的规律。辩证思维既是过程，又是思维的结果，说它是一个过程是指思维活动必须经过一定的阶段才能实现辩证思维，人们一般把实现辩证思维之前的思维运动过程叫辩证思维的过程。辩证思维是思维运动的结果，这从相对意义上说是完成了的辩证思维，它已再现了对象多样性的统一。在多样性的辩证思维规律之中，最根本的一条是对立统一的规律。从唯物辩证法的角度考虑，它对其他规律起着影响与制约的作用。所以，在进行语文教学辩证思维的训练时，应该引起重视。

1. 对立统一思维训练

其一，辩证思维是对客观事物的矛盾运动的反映，辩证思维规律受到矛盾运动规律制约。事物矛盾运动的根本规律是对立统一规律，它揭示了事物变化发展的源泉与动力，是整个宇宙的根本规律。质量互变规律、肯定与否定规律等，都可说是对立统一规律的具体体现。

其二，列宁曾指出："统一物之分解为两个部分以及对其矛盾着的各部分的认识，是辩证法的实质。"列宁所指"统一物之分解为两个部分"即客观辩证法，对事物"矛盾着的各部分的认识"指主观辩证法，即辩证思维。一切辩证思维的共同特征，都是应用对立统一的思维方法或思维规律去认识事物。为什么有的人具有很强的思维能力呢？就在于他们能掌握对立统一的规律，从根本上理解和把握思维对象的辩证运动的发展。

其三，在辩证思维的过程中，对立统一规律担任着统帅的职务，辩证思维的形式、方法和其他规律都得听它指挥。比如辩证思维中的概念，是确定性与变动性、个性与共性、局部与整体的对立统一；辩证思维中的判断，在揭示概念内容的过程中，也必然体现出对立统一的关系；辩证思维的推理，从矛盾一方推知另一方、从个别推知一般、从现在推知未来，同样体现出思维在对立中的运动。

再从辩证思维的方法来说，归纳和演绎相结合是对事物个性认识和对事物共性认识的对立统一；分析与综合相结合是对事物部分认识和对事物整体认识的对立统一；从具体上升到抽象是思维具体和思维抽象的对立统一；逻辑和思辨相一致，是主观与客观、理论与实践的对立统一。由此可见，对立统一思维规律，是辩证思维的形式、方法得以形成乃至构建辩证思维训练体系的内在根据。

2. 质量互变思维训练

这条规律是对立统一规律的具体体现。事物不仅有质的规定性，还有量的规定性，我们要学会用质量统一的观点去分析事物。同时，还应懂得事物内部矛盾着的双方互相斗争，可以引起事物不断由量到质、由质到量的变化。认识事物量的积累到一定的程度，就可引起质的变化，学习用量变与质变统一的观点去分析事物。

（1）质量统一思维训练。课文中反映质量关系的内容很多。如叶圣陶《两种习惯养成不得》，先说好习惯，就有个量的积累过程。"在没有养成的时候，多少要用一些强制功夫，自己随时警觉，坐硬是要端正，站硬是要挺直，每天硬是要洗脸漱口，每事硬是要有头有尾。直到习惯成自然、不待强制与警觉，也能行所无事地做去，这些就是终身受用的习惯了。"有了这样的习惯，就证明量的积累引起了质的变化，质与量就统一起来了。再说坏习惯的养成，也有个量与质的统一过程。

（2）量变引起质变思维训练。量变引起质变的内容，在中学课文中也很多。就以《劝学》为例，文章首先阐明学习的意义：学习可以改变人的本性，"君子博学而日参省乎己，则知明而行无过矣"。这"博学"与"日参省"就有个量的不断变化过程，这变的结果是达到"知明"与"行无过"的道德修养的境界，这就发生了质的变化。

3. 肯定与否定思维训练

这一条也是对立统一规律的具体体现。唯物辩证法认为，肯定一切、否定一切都是错误的；只能肯定应当肯定的，否定应当否定的。这就必须学会用一分为二的方法分析事物。

4. 事物的个性与共性思维训练

这一训练主要帮助学生认识同中有异、异中有同的道理，学习从事物的个性与共性的相互关系上分析事物的方法。

个性与共性的思维训练，可结合课文导读、作文讲评、写电影戏剧评论等方式进行。

5. 事物的矛盾与转化思维训练

矛盾存在于一切事物发展的过程中，每一事物发展过程自始至终存在矛盾，要训练学生用矛盾普遍性的观点分析事物。

矛盾存在着特殊性，同一事物在不同的发展阶段上具有不同的特点，要训练学生对具体的矛盾进行具体的分析。在众多的矛盾中，必有主要矛盾，要训练学生认识主要矛盾与次要矛盾的关系。要抓住主要矛盾分析事物。事物的矛盾还存在着主要方面与次要方面，要训练学生认识其中的辩证关系，学习用全面的观点分析事物。矛盾，在一定条件下可以互相转化，要训练学生用矛盾可以转化的观点分析事物。

（1）矛盾普遍性思维训练。课文《谏太宗十思疏》与高中第一册课文《邹忌讽齐王纳谏》，都是训练学生认识矛盾的普遍性的好例子。邹忌用自己的切身感受设喻，劝谕齐威王广开言路，纳谏除弊，修明政治，使齐国强盛。在这一过程中，必然自始至终存在着矛盾。怎样解决这些矛盾呢？邹忌先从私事说起，文章用了较多的笔墨写邹忌之妻、妾、客美邹忌，忌自省。随后以私事比国事，让齐威王从两事相似之处受到启发，茅塞顿开。

《谏太宗十思疏》写于唐贞观十一年。时值唐代在文治武功上均取得了巨大成就，唐太宗的骄矜心理与享乐思想也随着滋长起来，加重了对人民的剥削，人民颇有怨声。这就是矛盾的普遍性的反映。魏征从实现国家的长治久安的立场出发，深切地论述了"居安思危，戒奢以俭"的观点，并向唐太宗提出"十思"作为"人君"的行动准则。这也可说是缓和君民之间具有普遍性的矛盾的对策。

（2）矛盾特殊性思维训练。矛盾的特殊性，也必然寓于矛盾的普遍性之中，是矛盾的特殊性与普遍性的辩证统一。

（3）主要矛盾思维训练。俗话说，牵牛要牵牛鼻子。认识纷繁复杂的事物就要抓住主要矛盾，处理好主要矛盾与次要矛盾的关系。对此，教师可给一些材料，让学生抓住其中的主要矛盾进行评议分析。

（4）矛盾主要方面思维训练。事物的矛盾存在主要方面和次要方面，要教育学生，正确认识这二者的辩证关系。金无足赤，人无完人。巨人也有缺点，但有缺点的巨人还是巨人，这就是抓住了事物的主要矛盾方面。

（5）事物的矛盾转化思维训练。矛盾都存在着主要方面与次要方面，主要矛盾与次要矛盾。矛盾的主要方面与次要方面，主要矛盾与次要矛盾，在一定条件下，是完全可以互相转化的。

6. 分析与综合思维训练

从唯物的观点看，大千世界的任何事物都是多样性的统一体，语文教学正是这种统一体的多样性的再现。在语文学习中，为了认识事物的本质属性，需要对文章的各个部分进行分解，研究各部分的性质，揭示部分与部分、部分与整体之间的关系，从中看出这些部分是怎样为表达中心服务的。这种经过分解认识事物的思维形式，我们称为分析思维。

在分析的基础上，还要把文章的各个部分进行综合，从整体上去把握文章、把握语文知识，这样才能掌握文章的精神实质。这种思维过程，叫作综合思维。分析与综合既有区别，又有联系，在读写活动中，一般不能截然分开，故经常结合起来研究其思维训练。

议论文的分析与综合，从一般模式来讲，要经历提出问题、分析问题、解决问题的过程。但每一篇议论文的分析与综合，又有特殊的内容及表现内容的一定的语言形式。例如荀子的《劝学》，开头就提出了"学不可以已"这个综合性的论点。然后分析学习的意义，学习可以改变人的本性，"君子博学而日参省乎己，则知明而行无过矣"。这里偏重于从道德修养方面阐明"学不可以已"的道理。

7.比较思维训练

这是确定事物相似点与不同点的辩证思维。通过对事物差异、正反、变化等比较，使我们更深刻、全面地认识事物。各种文体均可作为比较思维训练的材料。必须在阅读教学过程中，进行有计划的练习，从而提高学生的比较思维能力。

8.递进思维训练

顾名思义，递进思维属于由此及彼、由表及里、环环紧扣、层层深入、循序渐进的辩证思维。递进思维的思路发展，一般是沿着事物的内在联系，遵循人们认识由感性到理性，由浅入深，由此及彼的思维活动规律，或逐层深入地触及事物本质，或由近及远地步步横向扩展。在这条或纵或横的思路线上，思维步骤一般体现在分论点上，思维联系可用承接或过渡性句、段为之。

9.多侧面思维训练

矛盾着的事物往往存在着各个侧面，每一个侧面各有特点，要引导学生学习多角度地分析事物、分析问题。

进行多侧面思考不是漫无目的的，当选准了一定的目标、方向，就要深入、执着去思考，去研究。就写作来说，要博闻强记，善观察与联想，才能从一定的侧面入手，写好文章。

综上论述，辩证思维是语文学习的重要基础，只有加强辩证思维训练，才能纠正学生在听说读写活动中表现出的片面性、表面性、直线性和绝对化等思维缺陷，才能使学生的思维日渐广阔、深刻、全面、灵活、严密，才能使创造性思维的发展具备必要条件和良好基础。

四、灵感思维与语文教学

灵感是人类创造性认识活动中一种非常神奇美妙的精神现象。灵感激发仍自觉或不自觉地在语文教学中发挥作用。灵感作为人类一种高级的创造活动、思维活动、心理活动，不管其表现形态多么复杂、激发机制多么奇特，总是有规律可循的。研究这些客观规律，将有助于通过语文教学，诱发学生的灵感，培养、发展学生的创造才能。

（一）灵感的含义

灵感是人们的主观世界与客观世界最愉快最敏感的邂逅，是人们的思维活动由量变到质变所产生出来的高度的创造能力。灵感是思维的一种突发现象，是思维活动的一种客观存在。离开对客观世界的"吸入"，就无所谓灵感。

（二）灵感的特点

1.突发性

灵感可由外界偶然机遇触发，也可由大脑内部思想闪光激发，这一切，都是人们事先不可预料的。

2.奇异性

灵感来无踪去无影，不能预期，难以寻觅，无论是外界事件的触发，还是内在思想的闪光，都不是自觉的。

3.综合性

钱学森这样认为："灵感是综合性的。人脑的综合功能是非常重要的。"综合性是灵感的本质特征之一，灵感激发系统的心理机制就根植在人脑的综合功能之中，具体来说，灵感与随同人类进化史形成的遗传因素有关，也与一个人的多才多艺、明白事理、知识积累、形象思维、理性认识等活动有关，因此它是综合性的。

4.不重复性

灵感活动是发生在认识的高级阶段上的心物感应活动，是主观的脑与客观的物在特定条件下的一种突然沟通。每个人所处的环境，所碰到的外界机遇、自身的心理生理特点都不完全相同，所以让50个同班同学在同一环境下，在灵感袭来时歌颂校园的春花，不让他们急于交卷，而让他们在情绪激动、非常想写的时候才写，结果 50 篇作文都各有特点。

5. 跳跃性

创造性灵感是智慧在摆脱了一般的抽象思维的束缚下突然跃出的，它不是一种循序渐进的认识，而是在跳跃性的突变认识中实现的。

6. 模糊性

灵感带来的心理活动以直觉、情感、潜意识活动等方式综合地表现出来，与大脑右半球有更多联系，因而具有模糊性的特点，有利于唤起人们丰富的联想，促成灵活的新形象、新观点的形成。

7. 强烈性

这一特性，集中反映在文艺创作之中。灵感可以说是文艺家、诗人心灵的巨大震动。它使文艺家、诗人处在极度兴奋的状态，当灵感来潮，甚至忘了自我，也忘了周围的世界。

作为语文教师，应因势利导，拨亮学生的灵感之光，让学生全身心地去拥抱灵感，不失时机地谱写出优美如画的青春之歌。

（三）灵感激发三阶段

从灵感激发过程的实际着眼，大致可分为信息摄入、信息触发、顿悟贯通三个阶段。

1. 信息摄入

一般说来，学生在课内外的学习活动中，有较明确的目的性，这种信息的摄入，属于显意识的摄入。但学生在节假日，或下河游泳，或登山观日出，或跳舞唱歌，或联欢聚会，或欣赏优美动人的文艺演出，情不自禁地受到自然美、社会美、艺术美的陶冶。这种陶冶具有"随风潜入夜，润物细无声"的特点，因而就摄入了大量潜意识的信息。一般说来，左脑更多地参与了属于抽象思维方面的显意识的活动，右脑是直觉思维、求异思维、空间知觉以及艺术欣赏等，是潜意识活动的天地。显意识与潜意识虽然是人脑的两个不同思维系统，但因都要进行信息摄入与输出活动，这就具有了共同的特点，而且这二者之间还相辅相成，相互转换，互为表里。

大脑摄入的显意识多了，在记忆仓库里储存起来，就可能不断转化为深层次的潜意识；相反，潜意识也可因一定的原因而向显意识转化，以至突然爆发，就出现了灵感。

2. 信息触发

一般说来，灵感的发生，不能坐等现成，而要主动去寻找获取。

诱发灵感的关键是触发信息的有效性。信息触发来自两个方面：一是大量来自外界的信息，一是来自自己头脑中的内部信息。二者交融，往往就成了触发灵感的信息。但信息触发的具体情况则因人而异：有的在写作过程中，全神贯注，如痴如醉，往往会获得触发灵感的信息。如在考场上，作文时间很短，那些优秀试卷中的作文，常有灵感之光闪现，这是在全神贯注的情况下产生的灵感。平时写作，虽也全神贯注，但并不一定就能获得触发灵感的信息。在百思难以寻觅灵感踪迹的情况下，间歇的休息、娱乐，往往还会召唤灵感一下到来。

3. 顿悟贯通

顿悟贯通是指触发灵感的信息出现后，脑子里与创作灵感有关的信息就迅速集中，并使潜意识与显意识同步合一，闪现的灵感之光，一下使作者悟出了贯通其中的意义。

我国近代著名学者王国维在论述古今成就创造性大事业、大学问者所必经的三种境界时，引晏殊《蝶恋花》词说："'昨夜西风凋碧树。独上高楼，望尽天涯路'，此第一境也。"这"第一境"就有点像灵感激发过程的初始阶段，正在通过"独上高楼，望尽天涯路"摄入信息，酝酿灵感。接着，他引柳永《凤栖梧》词说："'衣带渐宽终不悔，为伊消得人憔悴'，此第二境也"，这"第二境"就有点像灵感激发过程的第二阶段，已经抓住了灵感触发的契机。继而他又引辛弃疾《青玉案》（元夕）词说："'众里寻他千百度，蓦然回首，那人却在，灯火阑珊处'，此第三境也。"这第三境界，正好像灵感激发过程的第三阶段，产生了对灵感出现后的顿悟贯通。

（四）灵感思维训练

1. 通过特定事物启迪灵感

灵感可以是人们在丰富的生活体验基础上，在酝酿、孕育阶段由其他事物的启迪而出现的。

2. 学习新的思维方式

学生在作文中为什么会出现千人一腔、万人一调的被动局面？这和局限于一种固定不变的思维方式有关。如果被固定不变的思维方式束缚，灵感就会枯竭。只有不断用新的思维方式训练学生，灵感才会畅通。

3. 善于捕捉灵感的训练

灵感具有突发性、不重复性，所以，要对其保持高度敏感，敏捷地、不失时机地捕捉住这稍纵即逝的心灵的闪光，以供写作之用。

4. 学生的灵感则要靠教师启发

有位老师为了激发学生的灵感，引导说，古人所谓"山之精神写不出，以烟霞写之；春之精神写不出，以花树写之"。在老师的启发下，学生开始从自己的生活实践中去寻找意境，捕捉形象：青年人在松树前的留影，井下煤块上留存的枝叶印痕，一下在脑海里活跃起来，灵感也随之出现了，唤起了生动丰富的联想。

5. 语文教学中一些训练捕捉灵感的具体方法

（1）专注法。指摒除杂念，全神贯注，集中思考，终于爆发灵感的方法。《蝉》的作者法国昆虫学家法布尔，一生忘我研究昆虫，写下《昆虫记》一书，《蝉》这篇课文节选自《昆虫的故事》。

教学时应告诉学生，蝉没有执着的追求，享受不到刹那欢愉；作者没有坚持不懈的努力，写不出这种像散文诗一样优美的语言。我们只有全神贯注地学习、积累，才会厚积薄发，在需要的时候，涌现灵感。

（2）选择法。学生的生活、知识积累有别，心理素质各异。若在学期结束或开学时，将数十道自由作文的题目及写作指导提示印发给学生，学生就有了更大回旋余地去选择时间与空间，就可有目的地到书山学海去采佳蜜,到生活的矿区去发现优质矿⎽。如此去发现、酝酿、构思,必然在百花齐放的习作中,充满了灵感。

(3)放松法。写不出来的时候硬写,必然敷衍成篇;百思不得其解的时候煞费苦心,绞尽脑汁,效果并不见佳,那就干脆放松一下,或唱歌跳舞,或学习其他功课,或干脆睡上一觉,灵感这不速之客,必然在你精神疲劳消除之后,像春风吹绿原野般闯入你的思潮。很多同学作文,都有此切身体验,也就无须举例了。

(4)轮流法。就是把专注法、选择法、放松法加以交替使用,往往会使灵感之花常开不败。

(5)点化法。学生写作,有时思路受阻,颇有"山重水复疑无路"之困惑,谈何灵感之有!这就要靠教师的点化。

经常这样点化,学生在课内外阅读与社会交往中,就可能由于某种闪光的思想或事物的点化、提示作用,而触发创作的灵感。

(6)情境法。在语文审美教育中,教师有意创造一种气氛、一种情境,在这种气氛、情境的触发下,学生头脑中有关的创作素材,包括沉积在潜意识中的信息,会十分活跃地随灵感一道涌现出来。

灵感思维训练,还处在摸索阶段。可以设想,我们如果能通过科学的教育方式,把学生的灵感激发起来,就能使学生的创造才能得到更好的发展,将来就可能在向科学文化进军的道路上,做出更多的贡献。这就是我们要在语文教学中提倡的灵感思维训练。

五、直觉思维与语文教学

直觉思维与灵感思维都是非逻辑的思维形式,它们对客观事物的反映与认识,都是突发式的、非自觉的,往往是突变式的发现与发明,但它也要以知识、经验和其他思维发展为基础。

（一）直觉思维的含义

直觉思维是在早已获得的经验、知识的基础上，凭思维的"感觉"直观地把握事物的本质及其规律的心理过程。直觉可分为艺术直觉与科学直觉，二者的区别主要在感情方面，但都能迅速检验抽象思维的能力。

（二）直觉思维的特点

1. 整体性

直觉是对具体对象的直观，从整体上把握对象，《歌德谈话录》中的一段话很能说明这一特点。莎士比亚最初想到要写《哈姆雷特》时，全剧精神是作为一种突如其来的印象呈现在他跟前的，他以高昂的心情巡视全剧的情境、人物和结局。

2. 非逻辑性

这是直觉思维的又一特征。直觉思维往往是凭着对事物直接的觉察，所以思维就不可能按照严谨有序的抽象思维的规律进行。而往往是凭一个人的经验，所掌握的科学知识、艺术修养，敏捷的观察力，迅速的判断力，越过逻辑程序，一下获得了思维的结果。由于主体的认识来得迅速，因而在客观上对所进行的过程无法做逻辑的解释，即使这种认识是正确的，这种直观是可贵的，也说不出个所以然。

3. 潜意识性

直觉思维除了显意识的活动外，更多的时候，还是一种潜意识的思维活动。也就是说，有时它不是人们意识到的自觉的思维活动。

潜意识与显意识并非有一条不可超越的鸿沟，事实上，潜意识就是有意识或显意识的反映。因此直觉思维的这种潜意识特征，乃是显意识渐进性的中断。这种中断，往往酝酿着、潜伏着新的突破。

直觉思维活动中的潜意识，一旦与中断后新出现的显意识交融，其思维活动，就可能取得突破性进展。李斯特直觉地感到手术应重视消毒，看似偶然，实际上是以他的从医经验、掌握的科学知识等作为潜意识中的必然，才可能在显意识中出现这种偶然发现。这就是偶然中包含着必然，必然中存在着偶然的直觉思维辩证规律。

4. 飞跃性

直觉思维的产生绝非像抽象思维那样有条不紊地循序渐进，而是灵活地、敏捷地、突发式地、跳跃式地到来，鲜明地体现出它那飞跃性的特点。当直觉思维到来的时候，潜意识中的认识倾向、情感倾向，就会立刻与显意识沟通，瞬间获得直觉思维的满意的结果。

（三）直觉思维过程

1. 准备酝酿直观感觉

感觉，是人对客观事物个别属性的反映，是直觉思维的必要准备。

2. 触发直觉形成知觉

知觉是人在感觉基础上，对客观事物的整体属性的反映。但从审美知觉来看，它应当是这些感觉的个别特征的综合反映。现在，直觉思维能力在许多国家的教育中受到重视。

3. 综合思考发展表象

第二层次的知觉形象，较之第一层次的感觉形象，虽然不是对事物个别属性的反映，而是对事物整体属性的反映，但毕竟带有反映的特征。而表象形象，已带有综合概括的特征了，表象形象的进一步深入发掘，则进入了文学艺术的典型形象的创作过程。

表象指的是人在曾经感知过的事物的基础上，进一步形成起来的形象。客观事物可以不在眼前，但通过一定的符号，如文字、语言等在人的头脑中，综合再现出的形象，就是直觉表象。

由准备酝酿、直观感受，经触发直觉、形成知觉，到综合思考、发展表象，就是我们对直觉思维过程的初步理解。

（四）直觉思维能力训练

1. 直觉观察能力训练

（1）由物景到情景。这属于直觉观察能力训练阶段，主要培养比物连类、触景生情的直觉观察的灵活性。其主要目的在于根据作文需要，把直觉思维引向一定的对象，使观察成为独立的主动的直觉过程。

（2）由景物到人事。这一阶段直觉思维的培养，主要把对景物、环境、人物的观察描写结合，开拓观察范围与直觉感受的广泛性。观察的范围包括事物的总体、过程、意义与特征。总体，指从运动中观察事物之前，要对事物的概貌、轮廓有个总的直觉印象。要注意观察它的各个部分的组合是否和谐、匀称、合理，以获得较准确的直觉印象，这是认识事物的开始。过程，指要从运动中观察事物。意义，指通过观察揣摩隐藏在事物背后的社会价值。特征，就是要对人与事物的差异、个性进行观察。

（3）由人事到社会。学生有了一定的生活与写作经验积累，就可进行由人事到社会的多侧面观察。中学生由人事到社会的直觉思维能力训练，最好结合学生熟悉的生活进行，以便收到更好的效果。

2. 直觉间歇思维训练

实践证明，我们在阅读与写作中，先对需要解决的问题进行一段时间集中精力的思考，伴随着对解决有关问题的强烈欲望，再休息一段时间，或进行其他学习，或做其他工作，或尽情玩一番，恰恰是在这个间歇时候，凭突然到来的直觉，使无法解决的问题一下子就获得了解决。

当然，有时候歇了较长时间，所需的直觉并未出现，这并不足为奇，原因在于直觉的出现，由于主客观的诸多因素，有的出现快，有的出现慢，有的要经过循环往复的工作学习与间歇方能出现。

3. 直觉艺术思维训练

艺术是通过个别特定的具体形象来表现现实的本质、典型的矛盾冲突，形象揭示所表现的人事情境的内涵。艺术家创造的艺术品，是人的情感生活在时间和空间上的双重投影，它既影响人的情感，又影响人的理智。这种影响，有助于直觉的出现。因此，为了培养学生的直觉思维能力，我们应通过语文教学中的文学艺术教育，适当地引导学生进行艺术实践。全国蓬勃开展的语文第二课堂活动，对培养中学生的艺术直觉思维能力就起到了良好的作用。例如中学语文教材中，有些情节较为生动的小说，适宜改编为话剧，举行"把课文搬上舞台"的课外活动，有利于普及话剧知识，有利于培养艺术直觉思维能力。

4. 直觉随记思维训练

直觉是一种突如其来的心理现象，它产生的影响是"爆发性"的，顷刻之间"涌上心头"。因此平时应教育学生，随时随地捕捉自己的直觉，并记录下来。要是不记，直觉的内容会很快淡忘，或者淡漠化，就不可能对自己产生多大影响。有的作家、诗人、发明家，随身带着笔和本子，随时将直觉记下，这对以后的创作或发明将极有用处。

5. 直觉睡梦思维训练

梦有酣睡中的梦与清醒的梦之分。据1981年1月号《当代心理学》杂志载，斯坦福大学医学院睡眠研究中心的拉伯奇描述了自己"清醒地做梦"的现象。他解释说："清醒地做梦的人可以积极地参与解决梦境中的冲突，并且使情节有一个满意的结局。"具体地说，在睡眠前，先对自己说："下次做梦时，我要记住我是要做梦。"然后，想象自己躺在床上做梦，与此同时，将自己置身梦中，并意识到他确实是在做梦。实践证明，很多人都有这种体验。

有个叫乌尔曼的心理学家认为，梦的直觉表现为四个方面：

第一，梦能构思成新事物。

第二，梦能把分散的印象组合成一种完整的新形式。

第三，梦能使做梦者联想到事物的实质。波尔研究原子模型时做了一个梦，梦见自己站在充满热气的太阳上，行星从旁呼啸擦过，它们似乎靠细丝系在太阳上绕着太阳转。波尔醒来以后认为这就是原子模型的实质所在。

第四，梦有助于艺术的创新。意大利作曲家塔蒂尼在梦中"听"到一首优美的曲子，产生一种奇妙的创作冲动，谱成了不朽的奏鸣曲《魔鬼的颤音》。

语文教学活动中的直觉思维训练还应有所侧重，理论性的课文较适于抽象思维和辩证思维方面的训练；文学类课文，较适宜于直觉思维方面的训练。

同时，直觉思维训练，绝非三天打鱼两天晒网所能见效的，因此必须加强训练的计划性，如写观察日记，就是一种好的办法。另外，学生心不在焉，注意力涣散，也不会有好的直觉思维效果。这就必须激发学生读写的兴趣；良好的直觉思维，往往是在如痴如醉的状态下产生的。最后，直觉思维毕竟不同于科学思维。

六、创造性思维与语文教学

语文教学要"面向现代化，面向世界，面向未来"，必须在教给学生语文知识的同时，对学生进行创造性思维的培养与训练。

（一）创造性思维的内涵

（1）创造力是指人们具有的从事创造活动的能力。创造力是在丰富知识经验的基础上逐渐形成的，它不仅包含敏锐的观察力、精确的记忆力、创造性思维，而且还包括一个人的心理品质、情感、意志特征等。因此，创造力是在人的心理活动的最高水平上实现的综合能力。

（2）创造性是指思维活动或者体力活动具有的创造活动的特点或倾向，或者这些活动的产品带有的一定的独创性。判断中小学生的创造能力，不能脱离他们现有的经验与知识水平。

（3）创造过程是指创造性产品的产生过程，它包括：准备、积累，酝酿，灵感、顿悟，完善、表达，实践检验等五个阶段。这是从全社会的角度来理解的创造过程。教学活动是一项全新的创造活动，不容忽视。现代教学论特别重视的正是学生在自己的知识和经验水平上进行的创造性活动，或进行具有创造性活动的倾向。对这种活动与倾向，语文教师应善于加以正确的引导。

（4）创造性思维是"以解决科学或艺术研究中所提出的疑难问题为前

提，用独特新颖的思维方法，创造出有社会价值的新观点、新理论、新知识、新方法等的心理过程"。创造性思维是一个多层次的思维系统。它是以不同层次的知识信息、不同智力水平为基础建立起来的不同层次水平的新价值系统。知识和智能高低不一样，个体心理素质不相同的人，在创造活动中表现出的创造性也不一样。

（二）创造性思维的特征

创造性思维的特征主要是：积极的求异性，洞察的敏锐性，想象的创造性，知识结构的独特性，灵感的活跃性。

1. 积极的求异性

所谓求异，就是关注现象之间的差异，暴露已知与未知之间的矛盾，揭示现象与本质之间的差别的一种思维，即从多方向、多角度、多起点、多层次、多原则、多结果等方面思考问题，并在多种思路的比较之中，选择富有创造性的异乎寻常的新思路。

2. 洞察的敏锐性

洞察是知觉和思维相互渗透的复杂的认识活动。在洞察的过程中不断地将观察到的事物与已有的知识或假设联系起来思考，把事物之间的相似性、特异性、重复现象进行比较，发现事物之间的必然联系，获得新的发现和发明，这也是创造性思维所具有的特征之一。

凡是创造力高的人，必然对客观世界具有高度的敏感，心理经常处于高度积极的觉醒状态，经常发现和提出具有现实意义的新问题，并着手去解决问题。因此洞察的敏锐性是创造思维得以形成的重要心理特征。有了洞察的敏锐性，在语文学习中就能进行积极、周密的思考，对问题正确判断，迅速做出结论。

3. 想象的创造性

创造性思维始终伴随着创造性想象。创造性的想象，能不断改造旧表象，创造新表象，赋予思维以独特的形式。想象有时难免带上种种主观预测、虚假和错误成分，但它却是由感性认识上升到理性认识不可缺少的环节。

4. 知识结构的独特性

举凡科学文化教育的创新，皆建筑于既有知识结构之基础上。而创造思维的新成果，又是对已有知识的突破与创新。故创造性思维与已经掌握的知识密不可分。然而知识与创造思维能力又各有其内涵。因为创造性思维能力，包容着诸多因素，不仅需知识提供必要的内容，还需知识上升为思想因素与智力因素。否则知识就会成为死板的、凝固的、束缚创造力的桎梏。一般说来，良好的知识结构包括扎实的基础知识、精深的专业知识。

5. 灵感的活跃性

从创造性思维的角度讲，灵感作为一种综合性的突发的心理现象，是人脑以最优越的功能，加工处理信息的最佳心理状态的体现。灵感往往能突破关键性的问题，使兴奋的选择性泛化得到加强，造成神经联系的突发性接通，使思维空前活跃。语文教学的实践证明，那些创造性思维发展较好的学生，灵感思维也较活跃。

（三）创造性思维过程

创造性思维的过程一般可分为准备阶段、实施阶段和成功阶段三个部分。

1. 创造性思维过程的准备阶段

创造性思维过程的准备阶段是指在未具体进入创造过程前所进行的主观与客观条件的准备，主要包括以下四个方面：

（1）一般知识与专业知识的准备。就中学来讲，各科知识形成一个大的基础系统，语文是这个基础系统的基础。如果语文知识不扎实，其他学科也很难学好，创造性思维能力也不可能得到很好的发展。

"书到用时方恨少。"任何做学问的人都曾有过这方面的感受。要发展学生的创造性思维能力，必须拓宽他们的知识面。

（2）一般技能与专业技能的准备。一般技能指听读说写的一般语文能力和进行创造性思维的起码条件，如记忆力、想象力、分析力、综合力等，都是一般技能。与语文这个专业结合起来则成为专业技能。这一切结合起来，就构成了学生语文学习的素质。

（3）理想、个性与心理的准备。要为"四化"大业做出创造性贡献，在中学时代就应树立崇高的理想。崇高的理想犹如灯塔，可以照亮创造之路。崇高的理想是强大的动力，可以推动学生战胜困难与挫折，不会因升学考试失利而走向沉沦。

（4）个性的健康发展，也是学生进行创造活动的必要准备。个性的健康发展要以必要的知识、能力为基础，还要在创造过程中处理好各种关系，分析、解剖、充实自己的知识，个性健康发展了，才能克服各种心理障碍，做好创造的准备。

2. 创造性思维的实施阶段

进入具体创造阶段遇到的问题是：创造什么？怎样创造？首先是确定方向、总体设计。确定方向要考虑诸多因素：自己的特长、爱好、条件，应扬长避短，找到自己的恰当位置。总体方向确定后，应选择好具体的课题。选择课题要进行多方面的可行性分析，考虑好相应的方法。

创造性思维活动开始，还应学习有关资料，避免无效劳动，保证创造活动的顺利进行。资料要准确可靠，哪些该用，哪些不该用，师生可共同研讨。

在创造过程中，会有障碍、困难；主客观方面都存在有利与不利因素，应利用有利因素，克服不利因素，争取创造的成功。

（1）在诱发兴趣中创造。例如教《藤野先生》，教师可先指出，该文选自鲁迅散文集《朝花夕拾》，原名《旧事重提》，接着提问学生："鲁迅将'旧事重提'改为'朝花夕拾'，有啥好处？"一有比较，学生思维就活跃起来，议论一番，方知"夕拾"既反映回忆（即"重提"）的特点，又显示"拾取"朝花的情致。同时，鲁迅把青少年时期的生活喻为"朝花"，并说："带露朝花，色香自然要好得多，但是我不能够。"这就使题目诗意盎然，别具情趣。这讨论，让学生了解了回忆性散文的诗意和情致，激起了学习的兴趣。学完课文，教师再布置《朝花颂》《童年拾趣》的作文选择题，学生创造性思维的闸门，在兴趣盎然中一下就打开了。

（2）在质疑研讨中创造。创造，需在前人认识的基础上有所前进与突破，教师应善于启迪学生，在质疑研究中碰撞出创造性思维的火花。

（3）在分析、综合中创造。综合分析是思维能力的核心。通过分析，可以进一步认识事物的基本结构、属性和特征，可以分出事物的表面特性和本质特性，深化认识。通过综合，可以完整、全面地认识事物，认识事物间的联系和规律。创造性思维就建立在这种抽象思维的基础上。

（4）在发散中创造。创造性思维是发散性思维与聚合性思维的有机结合。发散需求异，它要求不依常规，寻求变异，从多方求索答案，以避免考虑问题的单一性，使思维不至僵化。发散思维具有流畅、变通、独特三大特征。

3. 创造性思维的成功阶段

积极的创造性思维，能取得可喜的收获。就教的方面讲，要通过对创造性思维能力的测试来加以检验，有哪些收获，存在什么问题，以改进教学；就学的方面来说，通过测试也能明白自己的长处与不足，有利于正确地自我评价，也有利于创造性思维能力的进一步发展。

（四）创造性思维训练

1. 思维灵活性训练

思维的灵活性可以从不同角度、不同方面，用多种方法思考问题来进行训练。此外，还有多种表达方法的训练、一题多做的各种设计等方面，来反复训练思维的灵活性。

2. 想象能力训练

（1）再造想象训练。根据某些描述（图像的、语言文字的），在头脑中构造出活灵活现的，但又从未见过的事物的形象，如教《故乡》，要求学生根据课文对闰土的形象进行描述，要在脑子里浮现其形象，仿佛真的看见了闰土一样。

（2）创造想象训练。根据已有的表象，在头脑中构造出前所未有的新形象。要进行创造想象，必须储备丰富的表象，必须善于分析综合。

想象训练的方式很多，下面介绍几种：

第一，类比想象。由此一类事物想象与之相似、相关的另一类事物。"此一类事物"较实，"另一类事物"较虚，具有由浅入深的特点。

第二，因果想象。由事物的原因，想象事物的结果；或由事物的结果，想象事物的原因。

第三，辐射想象。由一事物作为触发点，向四面八方想象熟悉的生活与知识领域。

3. 发散性思维训练

发散点包括材料、结构、形态、组合、方法、因果、关系诸方面，训练的目的是发展思维的流畅性、灵活性、新颖性。

（1）材料发散训练。以某个物品作为"材料"，以此为发散点设想它的多种用途。

（2）形态发散训练。事物有多种形态，如形状、颜色、音响、气味等，以此为扩散点，设想出利用某种形态的各种可能性。

以上两种主要训练流畅性思维，使学生能迅速而又多角度回答某一事物的多种用途。

（3）组合发散训练。以某一特定事物为发散点，尽可能多设想，与另一事物联结组合之后，所产生的新事物新价值的各种可能性。

（4）方法发散训练。以人们解决问题或制造物品的某种方法为发散点，设想利用该种方法的各种可能性。拿语文学习方法来说，我们可以列举出数十种，这些方法使用得当，可以帮助学生更好地掌握语文知识，促进学生创造性思维能力的发展。

4. 聚合性思维训练

创造性思维是扩散（即发散）性思维同聚合思维的有机结合。只主张发散，而丢弃聚合，则不能提高创造的水平。因此，在语文学习中，应有目的地加强聚合性思维能力的训练。

（1）通过选择训练聚合能力。学生通过多向性的不同角度思考以后，可从所提出的众多假设中，选择一个最佳方案。选择的过程，需进行判断与评价，也需进行聚合性思维。

语文教学需精讲巧练。精讲，需在精选教学内容中，聚合精华传授给学生；巧练，需在精心设计与选择练习内容中，聚合精当的题目，指导学生巧练。精讲巧练相结合，才能以少胜多，以一当十，提高教学质量。选择聚合与实施精讲巧练的创造教学法是互为因果的。

（2）通过综合培养聚合能力。综合有正反之别。正向综合，吸取前人智慧精华，探索前人成功的因素再向前创造。语文教学中的综合训练路子很多，如进行议论、说明、记叙、描写、抒情等表达方式的综合训练，教师可据此进行各种创造性的设计。

科学的生命力在于创新。创造性思维能产生新理论、新思想，开辟新的科学道路。在语文教学中努力发展学生的创造性思维，尽力培养具有创造精神的新一代，开发智力能源，就能为"江山代有才人出，各领风骚数百年"做出应有的贡献。

第五节　语文教学的思维训练

在人的智力结构中，居于核心地位的思维，是整个智力活动的最高调控者。如果思维不能积极参与智力活动，知觉会缺乏理解性，记忆变成了机械重复，想象也难对表象进行加工，写作创新将是一纸空文。

语文基本训练包括教师的训导和学生的练习，两个互为因果的方面，有目的有计划地贯穿于语文教育的全过程，但一切语文基本训练无不是在思维指导下进行的。故思维能力的培养与发展，是语文课诸因素的核心因素，是语文课的本质。抓住了思维能力这一主要矛盾，就可带动各项教学任务，解决语文课中的各种矛盾。

根据不同的标准，可以划分出多种类型的思维，语文教学思维训练，应积极发展多种思维，如形象思维、抽象思维、直觉思维、相似思维、辩证思维、创造性思维等，通过这些思维的训练，提高学生多种思维的能力。

思维训练的方法很多，有人总结了28种思维方法：归纳、演绎、类比、扩散、集中、静态、动态、求深、求全、比较、七步、形象、综合、软性与硬性思考、反馈、提问、探索、综摄、系统最优化、模拟、求异、想象、超前、蒙太奇、媒介、全息、拟喻、冷处理及两面神思法。

下面，着重从听说读写四个方面来谈谈语文教学中的思维训练途径。

一、阅读思维训练

阅读能力的核心是阅读中的思维能力。阅读过程始终充满积极的思维活动。同样一篇课文，有的学生读了不知所云，有的只记住内容大意，有的能融会贯通、深刻理解、恰当评价。能否在阅读中积极思考是造成这种差异的主要原因。阅读思维能力主要体现在阅读理解与评价上。

阅读理解既是思维过程，又是思维结果，是阅读思维能力的重要表现。阅读理解是指运用已有的知识与经验，将感知的新信息、新材料联系起来，通过联想、想象、判断、推理等思维活动，去把握阅读材料的内在联系与本质意义。

学生的语感能力，正是在阅读理解与评价的过程中逐步增强的。

当然，阅读理解，还需在认读感知的基础上进行，在阅读理解与评价的基础上，还有运用能力的培养，均离不开思维活动。

此外，在阅读训练中进行思维训练，还要激发学生的阅读兴趣，使学生集中注意力，处于积极思维的状态，审美情感就自然渗透其中了。这样，才能借助恰当的思维方法，在阅读练习中，能动地进行想象与联想、分析与综合、抽象与概括、归纳与演绎、评价与运用。

阅读的时间与质量，应严格要求，要有一定的量和度的规定，并适当提高阅读难度，使学生思维达到一定的强度。如要求学生在20分钟内大体上浏览一张报纸，即能向老师与同学清晰地说出报纸的主要内容。通过一定的训练，一般阅读水平的中学生，是可以达到这一量与度的要求的。

二、写作思维训练

写作是反映社会生活的复杂思维过程。从材料收集、主题提炼、内容安排，到语言选用，都离不开思维。

首先，立意的优劣，往往是文章成败的关键。立意要看是否揭示了事物的本质，揭示了文章的思想意义。这就需在收集材料的基础上，反复思考，认真分析，抓住事物的本质，才能做到深入开掘。

其次，文章的结构，也是鉴别其优劣的标准之一。所谓结构，是指文章的布局谋篇，它要反映客观事物的内在联系及发展规律，通过作者构思在文章中得到反映。这里有方法与技巧问题，但关键在思路。

加强思路训练。对此，可通过列提纲、表解等方式，让学生正确划分层次段落；还可把同一题材不同写法，或不同类型不同表现手法的若干文章，让学生分析、讨论、借鉴，以拓展思路。

初中生的多数和高中生，在逻辑思维中，求同思维起主要作用，思考问题往往朝一个方面聚敛前进，容易孤立地静止地看问题。为此，要注意培养求异思维，使作文构思不受消极定式束缚，能有新角度、新观点，敢于标新立异。

再其次，运用语言的能力是衡量写作能力的重要标志。文章的用语要准确，又有赖于思维的明晰。

在语文教改中，不少教师经多年试验，创立了作文思维体系。他们的构想是：明确创立背景与依据，遵循科学的原则，设计合理的体系模型，进行科学的思维训练。其共同特点在于注意了思维训练体系的整体性、层次性、开放性、适用性。

三、听话思维训练

《语文大纲》所规定的听话思维能力训练，集中在初中阶段。

初一年级：听人说话，能集中注意力，听清楚意思。初二年级：听别人说话，能够分析、理解其用意。初三年级：参加讨论，能听出不同的意见和分歧所在；听议论性讲话，能把握住对方的观点以及持这些观点的理由。

根据《语文大纲》的规定，提出如下思维训练序列：

从培养良好的听话思维习惯入手。集中注意力是听清别人讲话内容的首要条件。进行听话思维训练，要训练学生的听知注意力。听知活动是听话人借助听觉分析器官，在思维的参与调控下，接收、理解、吸收口头言语信息的过程，也是听者把说者的外部言语转化为自己内部言语的过程。要促成这种转化，务必使大脑中枢神经形成"优势兴奋中心"，产生有意注意的意向。因为听人说话，稍纵即逝，要很快听懂对方的话语，并能很快把握住话的主次，分清是非，品评好坏，理出条理，筛选出急需的信息，没有高度的注意力和科学的思维是不行的。

训练学生的"听知注意力"，要求学生开动思维器官，依靠意志力，排除干扰，集中听觉于说者传输的信息，及时抓住声波，敏捷地在头脑形成清晰的印象。这就要端正听话态度，明确听话目的，养成良好的边听边思考的习惯。如听课听报告，主要是为了获取知识；听人谈话、听讨论发言主要是为了沟通思想；听演唱诵读主要是为了鉴赏；等等。目的明确，又认真思考，就会主动排除干扰，使注意力集中，久练成习，效果必佳。检验"听知注意力"最基本的方法，在于是否听清了说话者的意思。这包括两方面的内容：

第一，正确感知语音，听清每个音节，听清音近字和同音字，要能通过积极的思维活动，按上下句语意，说话场合，准确判断、识别话语的语调、重音、停顿是否准确，并体会说话者的感情色彩。

第二，通过积极的思维，听清说话的内容。如凡属叙事性说话，注意把握事件发生的时间、地点、人物、事件、起因、经过、结果，并分清叙述的事实与说者的评论；又如说明性谈话，要认真通过思考，把握被说明事物的特点与结构，并思考其科学性与实用性。

第三，在听话中培养敏捷的思维能力。学生善于感知外界的语言信息，应进一步通过思维理解外界语言信息的含义。如理解话语中心，谈话目的，说话人的感情，话语的深刻含义；有无通过一定的修辞手段和语言艺术表示的弦外之音、言外之旨；等等。这一切都要靠对言语的"听知理解力"与思维的敏捷力通力合作、协同攻关。在这过程中不仅提高了学生听知理解言语的水平，也会逐渐养成分析思考问题的良好习惯。

第四，独立思考，训练听话鉴别力。客观事物的丰富、复杂，决定了人们对它的认识必然是"横看成岭侧成峰，远近高低各不同"，在层次与角度等方面存在差异、距离。在学习生活中，我们常常会碰到说话人的观点、态度有时能引起听者强烈的共鸣，有时并不完全一致，有时因大相径庭而反感。这就要求听者对接收的话语通过思维加以分析：说话者的目的动机是什么？观点是否正确？用了一些什么事实和道理来支持他的观点？这些事实与道理是否符合客观实际？总之，只要是听议论性讲话，都要能听出话语的中心意思，说话人的观点，分析支持这些观点的理由与事实，方能对他人的议论获得准确的鉴别。在此过程中，也培养了听者的独立思考能力。

听话能力的训练方式很多，一般概括为随机训练与计划训练两类：

（1）随机听话思维训练。首先是听知，它包括辨音识义、理解句义语脉、概括归纳说话中心、理解寓意、比较多人发言的异同等思维活动。具体方式可分听想、听读、听说的训练。

"听想"，如各校开展的讲故事活动，听者在兴趣浓郁中侧耳细听，有利于培养语感与听力，发展联想与想象能力，拓宽听者思路。

"听读"可听录音，听师生读。但目的应明确，教师应设计好听者回答的问题，由此培养学生的比较、鉴别、记忆、归纳等思维能力。

"听说"，可听一人讲，也可听数人围绕一个话题发言、讨论。教师应提出明确要求，让听者回答说话的要点、特点、优缺点等问题，由此培养学生注意倾听的态度，迅速反映、归纳、识别等思维能力。

其次是听记与听写。听记就是边听边记，包括记纲目、要点、重要内容、原话、边听边想再追记等方式。听写指按照听到的内容，进一步通过思维活动，写出要求的文字，如提要、梗概、说明、简介，乃至感想评论等。

（2）程序听话思维训练。是指按《语文大纲》的要求，有计划地在听话训练中加强思维训练。训练应根据学生年龄与教材内容有计划地安排，结合阅读、说话、写作中的听话训练进行。

此外，还可进行专门的听话训练，其中包括听话过程中的观察力、注意力、记忆力、联想力、想象力、改变听话条件（指能适应较差的语言环境和声音条件的训练）、抗噪声干扰等训练。

四、说话思维训练

《语文大纲》对中学各年级的说话训练都提出了具体要求。说话能力是指运用口头言语表达思想感情的能力。思维水平的高低，决定了说话的逻辑性、条理性、言语的概括能力。

（一）说话能力这个综合体由三个方面构成

（1）组织内部言语的能力。人们说话，皆先想后说，边想边说，边想——就是靠思维来组织内部语言。思考"为什么说""对谁说""说什么"，这是取得好的说话效果的前提。

（2）快速语言编码的能力。人们说话的过程，就是把内部言语经过扩展进行编码的过程。其条件有三：一是必要的口语词汇储备，二是要掌握把语词按正确次序组合的规则，三是靠敏捷、灵活的思维来调控。

（3）运用语音达意表情的能力。人们说话是把内部言语加以扩展，编码为一定的语句，通过发音器官变成外部语言（有声语言），方能交际。说话人善于运用语音、语调、语速、语量的变化表情达意，就会收到动听的效果。这一切，同样要靠敏捷、灵活的思维来调控。

（二）说话训练可以通过如下方式进行

朗读、口头复述、看图说话、讲故事、口头作文、口头广播、口头解说、会议发言、演讲、致辞、口头问答、对话交谈、讨论、打电话、口头咨询、口头辩论、访问等，这些训练项目，都要靠思维来组织；反过来，说话训练又有助于思维能力的训练。说话能力的训练，可以说是一种最好的思维训练。首先，通过说话训练，学生增加了语言信息储备，也就是积累了思维原料，锻炼了快速选词组句的能力，有利于培养思维的敏捷性、准确性。其次，说话也是思维结果的反馈，有了这种反馈，可修正、补充思想，使之更符合客观实际。如有的语文教师，录下学生的即兴说话，再放给学生听，学生自己发现，凡说话结巴、停顿过长、颠三倒四处，一定是思维混乱"短路"所造成的。最后，通过讨论、辩论等说话活动，可学习别人好的思维方法、思维模式，培养良好的思维品质。所以，说话与思维训练是相互促进的。

（三）说话与思维训练相结合的方法很多

如反面相激、两头分说、抑扬评说、试探发问、引喻比方、婉转迂回、留有余地、曲折答问、补救失言、摆脱困境、以牙还牙等。这些方法的使用，均需开动思维器官，寻找恰当的谈话契机，设法打开对方的话匣子，扣住思路、意向谈话；还要根据一定的场合谈话，方能取得好的效果。

中学阶段是学生养成良好听说读写习惯的重要时期，中学生正当青春年少，有了成人感，自我意识、思维品质都在受教育中发展，各种知识的学习，社会交际的需要，要求他们准确、连贯、流畅地表达自己的思想情感，如果语言和思维能力跟不上，说话写文章就会颠三倒四，言不由衷；如果在听说读写活动中，受到粗鲁语、挖苦语、辱骂语的污染，不仅会养成说脏话的恶习，还会影响学生健康成长。

（四）语文教师要配合整个的学校教育

在培养学生良好的听说读写习惯的同时，言传身教，有计划地训练学生用优美的、符合规范的语言说话；切合实际、诚恳地说话，不说假大空的套话；有条理有层次地说话，不胡言乱语；提纲挈领地说话，不啰唆拖沓；引人入胜地说话，使人感到生动、具体、亲切；不快不慢，随机应变地说话，使人感到机智聪敏；富有启发性地谈话，能开启思维的大门。这就是我们所追求的说话思维训练的理想境界。

以上主要从听、说、读、写四个方面谈了思维训练的途径，它们之间既有独特的任务，又存在相辅相成的关系。

第五章　语文教学反思理论

国外有位教育家曾说:"成功的有效率的教师倾向于主动地创造性地反思他们的事业中的重要事情,包括他们的教育目的,课堂环境以及他们自己的职业能力。"因此,教学反思被广泛地看作教师职业发展的决定性因素,语文学科的教学反思更是如此。

作为教学一线的语文教师,日复一日,年复一年地从事着课堂教学实践活动,要提高自己的课堂教学有效性,促进师生成长,就有必要经常对自己的课堂教学行为进行反思。

第一节　教学反思与语文教学反思

一、什么是反思?

反思,英文是 reflection,"反思"的理解来源于哲学的思维方式。"反思"一词,据说首次出现于英国哲学家洛克的著作中,他将"心灵内部活动的知觉"称为"反思"。黑格尔赋予了"反思"以较为深刻的内涵和规定,黑格尔认为反思是一种事后思维,它更倾向于跟随在事实后面的反复思考,其主要任务就是通过现象把握事物的本质和根据。此后,马克思又对"反思"进行了丰富和发展，马克思从社会实践的角度，认为反思思维也是社会实践的思维。这样，反思就包含了人在社会实践活动中的主体能动性。

早在 1933 年杜威就对反思进行了描述。他认为，反思是"根据情境和推论对自己的信念或知识结构进行的积极的、持久的、周密的思考"，是问题解决的一种特殊形式，它不仅涉及一系列观念，也包含其结果。它是一个连贯的观念系列，后续观念是先前观察的结果，依赖于先前的观察。所以，反思是一个能动的、审慎的认知加工过程，是对个体观念行为的再加工过程。

人们容易将"反思"等同于"反省"，在这个意义上，反思就是对自己的思想、心理感受的思考，对自己体验过的东西的理解或描述。事实上，反思一词本身就含有"反省"、"内省"之义，从本质上来说就是一种批判性思维，即通过对当前认识的审视、分析来洞察其本质。这一点正是"反思"与一般的"思考"的主要区别。

在我国，"反省"观念由来已久，孔子提倡"仁"的观念并强调士人的内省能力，反省一直是儒家弟子的自我要求，人们一直强调通过反省来促进自身的发展。

从认识论的观点来看，反思即元认知，是人们以自己的认识活动过程及结果为认识对象的认知活动。作为对认识的认识，反思较一般思维活动层次要高。通过反思，人们获得不同于感觉所得来的内部经验，使自己的认识得以升华，使自己的实践行为趋于合理，同时在反思过程中自我得到发展，特别是形成一种反思的能力。

今天，比较一致的观点认为，反思是一种思维形式，是个体在头脑中对问题进行反复、严肃、执着的沉思，可以被进一步理解为"对任何信念或假设，按其所依据的基础和进一步推导出的结论所进行的主动的持久的周密的思考"，是问题解决的一种特殊形式，是一种高级的认知活动。反思有"寻根究底"和在行动之后（包括行动中）进行的"反溯性思考"的含义。

二、什么是教学反思？

最先把反思引进教学过程的是美国哲学家、教育家杜威，他在名著《我们怎样思维》中认为，反思是"对任何信念或假定的知识形式，根据支持它的基础和它趋于达到的进一步结论而进行积极的、坚持不懈的考虑"。

中央教科所前所长朱小曼认为："反思就是把自己作为研究的对象，研究自己的教育理念和实践，反省自己的教育观念、教育行为及教育效果，以便对自己教育观念进行及时调整，从而提高自己的教学效果。"

山东王善合认为教学反思"就是教师自觉地把自己的课堂教学实践，作为认识对象而进行全面而深入的冷静思考和总结，它是一种用来提高自身的业务，改进教学实践的学习方式"。

比较一致的观点认为，教学反思是教师在课堂教学之后，以自己的教学活动为思考对象，对自己的课堂行为、决策以及由此产生的结果进行审视和分析的过程。简单地说，教学反思就是教师在课后研究自己教得如何，学生学得如何的过程。这其中，有对自己教学策略的评判，有对自己教学行为的衡量，更有对学生的深层次的教学关怀。在反思中，已有的经验得以积淀，成为进一步教学的背景，新的思想开始抽穗，并且逐渐拔节与生长。

教学反思是一种有益的思维活动和再学习活动。它是教师通过对其教学活动进行的理性观察与矫正，从而提高其教学能力的活动。它也是取得实际教学效果并使教师的教学参与更为主动、专业发展更为积极的一种手段和工具。它更是分析教学技能的一种技术，是对教学活动的深入思考。这种深思使得教师能够有意识地、谨慎地、经常地将研究结果和教育理论应用于实践。教学反思的目的是指导控制教学实践，经常性的教学反思可使教师从经验型教学走向研究型。

这里所说的反思与通常所说的静坐冥想式的反思不同，它往往不是一个人独处放松和回忆漫想，而是一种需要认真思索乃至极大努力的过程，而且常常需要教师合作进行。另外，教学反思不单是教学经验的总结，它是伴随整个教学过程的监视、分析和解决问题的活动。

三、什么是语文教学反思？

语文教学反思是教学反思在语文学科的表现。从理论层面看，它是语文教师在语文教学实践中，批判地考察自我主体行为表现及其行为依据，通过观察、回顾、诊断、自我监控等方式给予肯定、支持与强化，或给予否定、思索与修正，将"学会教学"与"学会学习"结合起来，从而努力提升语文课堂教学实践的合理性，提高语文教学的效能。通俗地说，语文教学反思是指语文教师借助于对自己教学实践的行为研究，不断反思自我对语文、学生学习语文的规律、语文教学的目的、方法、手段以及经验的认识，以发展自我职业水平，努力提高语文教学实践合理性的活动过程。

语文教学反思是教学反思在语文学科的应用。从实践层面看，谭亚西认为语文教学反思具有以下三层含义。

（一）语文教学反思是对课堂教学经历的追忆

我们每天都要走进语文课堂，和学生一起学习、讨论交流，共同完成学习任务。学生的一言一行、教师的一举一动，共同建构了一个鲜活的语文课堂。在这个充满灵动的"舞台"上，或许演绎着许多无法预约的精彩，或许留下了无数的缺憾，或许引发了无尽的思考，真实地记录着师生成长的点点滴滴。教师如何实施教学预设，如何根据学生的需要调整教学目标，如何运用灵活的教学机智处理课堂上的突发事件；学生如何积极主动地参与学习，心灵与心灵的交流对话如何碰撞出了智慧的火花。教师无疑是这个"现场"的引导者、组织者。语文课堂上的得与失、成与败，这些取之不尽、用之不竭的鲜活素材都是教学"反刍"的好"食料"。作为亲身经历者，课后教师应该及时追忆，再现教学历程，真实地记录下师生共同成长的轨迹。

（二）语文教学反思是对课堂教学细节的思考

一堂语文课是由一个个教学细节构成的。每当我们在评同行的课时，往往就要说说这节课的"亮点"是什么，"出彩点"在哪里。这里所说的"亮点""出彩点"就是指教学细节。教学细节处理得当，导引巧妙，就成了"亮点""出彩点"；处理不当，牵强附会，就成了"瑕疵""缺憾"。当然我们自己的课也不例外，语文课堂上也许有不少的亮点，词语的理解引导得妙，句子感悟引导得巧，引导学生朗读课文有特色，学生的发散性思维训练到位等。哪些亮点是预约的精彩，哪些亮点却是在动态中生成的，哪些教学细节体现了教师的教学智慧。反之，这节课的教学细节可能没有处理好，课堂的拓展和延伸太过或泛化等。不管是"亮点"还是"瑕疵"，是"出彩点"还是"缺憾"，我们都应该对这些教学细节进行"反刍"——如何褒扬或修正自己的教学行为，使"瑕疵""缺憾"防微杜渐，让"亮点""出彩点"精益求精。

（三）语文教学反思是对课堂教学思想的反思

我们上完一节课后，不要一了了之，要对这节课的整体情况进行反思，特别是对教学思想进行反思。从字词句段篇的教学，从每个教学细节的处理，反思是否符合课改精神，是否体现了大语文教学观，是否做到了师生民主平等，学生是否成了平等中的首席等。例如：有位老师在一次语文教研课上，设计了一道说话训练题：你游览过什么地方？那里怎样？学生兴致很浓，争先恐后地举手发言。突然，课堂上冒出了一把蓝花小雨伞，是一位男生把它举得高高的并不停地摇晃，在场听课的老师都被小雨伞吸引住了，教室里顿时闹哄哄起来。这位老师不急不躁地说："他的小雨伞也一定游览过许多美丽的地方，所以也迫不及待地赶到我们的课堂，要将它的旅游经历和大家一起分享。"果然，那位学生精彩的发言赢得了听课老师和同学们热烈的掌声，他的脸上也泛起了愉悦的光彩。这位老师在处理这个突发事件时，没有摆出"师道尊严"的架子，而是宽容了学生在课堂上"出格"的表现，保护了他的自尊心，树立了他的自信，反映出一定的平等和人文关怀的教育理念。教学思想是一节课的精髓和灵魂，它引领着教改的方向，先进的教学思想能让课堂闪烁理性的光芒。教师要做教学思想的"反刍"者，以求真正做到"思想先于行动'

笔者认为，语文教学反思是语文教师为了实现教学目标对自己的教学理念、教学行为进行的积极的、主动的、持续的批判性审视和分析的过程。在这个过程中，语文教师将自己的教学行为以及其中隐含的教学理念、思想等进行评析与反省，以进一步改进自己的语文课堂教学。在语文教学反思中，反思的内容涉及语文教学活动的方方面面。

第二节　语文教学反思的文化背景

教学反思（包括语文教学反思）的开展具有广阔的文化背景，其中最直接的是精神文化背景。它为教学反思的开展提供了支撑理论和文化氛围。

一、元认知理论

元认知是"人们关于自身认识过程、结果或与它们有关的一切事物如与信息或材料有关的学习特征的认知"。它包括元认知知识、元认知体验、元认知调控三个因素。元认知知识是人们对影响自己的认识过程与结果的各种因素及其影响方式的认识；元认知体验是主体在元认知活动中获得的认知体验和情感体验，它包括肯定和否定两个方面；元认知调控是主体凭借元认知体验的力量运用元认知知识对认知活动不断进行评价、调控的过程。

元认知理论告诉我们，元认知的核心意义是对原有认知的再认知。即认知主体对自身的心理状态、能力、任务、目标、认知策略等方面的认识，同时又是认知主体对自身各种活动的计划、监控和调节。它主要包括元认知知识、体验和调控，其中调控是核心。从这一层面上说，反思是一种体验后的调控。从这个意义上说，语文教学反思自然是语文课堂教学活动体验后的调控。

由此可见，元认知理论的形成，深化并拓展了反思的观念，不仅使反思的内涵与步骤等更清晰、更易理解与把握，而且使反思由昔日单纯的心理现象变成一种实践行为，直接在实践过程中发挥作用。

二、辩证唯物主义认识论

辩证唯物主义认识论，又称"马克思主义认识论"。它是马克思主义哲学关于认识发展一般规律的理论。它彻底坚持从物质到意识的唯物主义认识路线，承认物质是第一性的，意识是第二性的，承认认识是人脑对客观物质世界的反映，人具有认识客观世界的能力。辩证唯物主义认识论认为实践是认识的来源，是认识发展的动力，是检验真理的唯一标准。认识只有满足主体改造客体的实践的需要时，才有其价值。

辩证唯物主义认识论把辩证法应用于认识论，揭示了人类认识的辩证发展规律，科学地说明了主体与客体的辩证关系，既承认主体在认识过程中的能动作用，又坚持反映论的客观性原则。认识是在主客体的相互作用中产生的一个辩证的发展过程，在这一过程中存在着两次飞跃，即在实践中从感性认识能动地飞跃到理性认识，又从理性认识能动地飞跃到实践。认识的成果——真理也是一个过程。整个人的认识就是在实践的基础上由浅入深、由片面到全面、由低级到高级的无限发展的辩证过程。

辩证唯物主义认识论认为人类对客观事物的认识总是一个层次一个层次地推进，一个方面一个方面地探索。教学是一门遗憾的艺术，任何教师都有理论上的迷茫和实践上的困惑。他们的认识要经历"实践—认识—再实践—再认识"的过程。语文教学和语文教师也不例外。

三、批判理论

"批判理论通过影响教育批判理论家而进入反思性教学领域。"如卡尔与凯米斯的反思的三个层次的观点，直接来源于哈贝马斯的认识的基本兴趣理论。他们认为，在第一层次或技术层次，反思的问题在于有效实现既定目标。在第二层次或实践层次，反思的问题包括假说、倾向、价值观，以及由行为组成的结果。在第三层次，批判或解放的层次，反思的问题包括伦理的、社会的、和政治的问题，关键是组织和社会可能压抑个人行动自由或限制他们行为的权力。

批判理论主要在这几个问题上，为教学反思提供了根据：一是伦理学基础与教学互动的规范；二是教学与民主；三是教学与知识的状态和文化体制。

四、学校探究文化

学校探究文化为教学反思提供了良好的文化氛围。在一般的意义上，探究是指探讨和研究，以便人们理解和弄清周围的世界。学校探究文化是学校整体文化的重要组成部分，它具有如下特征：其一，学校探究文化是以学生和教师的好奇心为基础的文化。培根有句名言，为了进入科学殿堂，人们必须变成小孩。这意味着人们要有童稚的开放思想和无止休的疑问。其二，学校探究文化是促进教师向学者型教师转变的文化。这主要是因为，探究的文化氛围往往使得教师自觉性地进行研究性活动，把自己的教学实践变成分析性实践。其三，学校探究文化不是指那些自发的零星的询问性活动，而是把"探究作为教育过程的广泛的相当普遍的舆论"，它不仅要求教师进行独立的探究，而且要求教师与其他人合作，共同寻求更好的理解，从而改进学校教育与教学。

第三节　语文教学反思的现实意义

　　国内外的相关研究已表明，教师在反思自身教学经验、技能、活动及教学观念，评估教学行为的同时，可激起其专业方面的创新意识。具体来说，语文教师进行教学反思有以下几方面的现实意义。

　　首先，进行教学反思能够充分激发语文教师的教学积极性和创造性，并为其专业发展提供机会和条件。

　　教学反思鼓励教师通过多种策略和方法审视、分析自身的教育观念及教学活动，充分尊重了教师的主体地位，发挥了教师的能动性、积极性和创造性。教师在语文教学实践中，可以通过教学日记、教学案例、教学后记、课后备课、教研磨课等多种方式反思自己的语文教学实践，这实际上为提升教师的专业自主权，促进语文教师的专业发展提供了更多的可能性。实践证明，凡善于反思，并在此基础上不断进行努力，提高自己教学效果的语文教师，其自身的成长和发展的步伐就会加快。在语文教学中，一旦教师熟悉教材，特别容易陷入机械重复的教学实践中，处在经验性思维定势、权威定势和惰性教学之中。因此，开展语文教学反思，加强语文教师自我评估和自律学习对教师主体的发展特别重要，语文教师只有把自我的发展看成是必需的和必要的，才会努力地去发展自我，建构自我，对自己的发展形成整体性的看法，从而不断促进自我学会教学，并教会学生学会学习。

　　其次，进行教学反思有助于语文教师逐步培养和发展自己对教学实践的判断、思考和分析能力，从而为进一步深化自己的实践性知识，直至形成比较系统的教育教学理论提供了有效的途径。

　　教师的知识一般可以分为三大类：本体性知识、条件性知识、实践性知识。

对一个受过高等教育的语文教师来说，本体性知识与条件性知识并不是太缺乏，但实践性知识则显得较为薄弱，而这类知识的获得，因为其特有的个体性、情境性、开放性和探索性特征，要求语文教师通过自我实践的反思和训练才能得到和确认，靠他人的给予似乎是不可能的。也就是说，这类知识更多的是来自语文教师的语文教学实践，具有明显的经验性的成分，是教师经验的累积。进行有效的语文教学反思，则可以帮助语文教师将教育教学的理论知识、实践经验进一步内化，并逐步条理化、系统化，直至对教师教学活动形成比较深刻的认识和理解。换言之，进行教学反思有助于语文教师立足于语文教学实践，深入地钻研、体会教学理论，从而不断提高自身专业素质和能力。

再其次，进行教学反思是沟通教育教学理论与教育教学实践，迅速提高教师专业水平的有效方法。

传统的教师教育有一个基本假设，即"知而后行"。简言之，一个教师在还没有获得教育教学实践经验之前可以拥有教育知识，而且必须先拥有教育理论，才能进入教育教学情境，进行教育活动。英国哲学家伯兰特·罗素称这种模式为"把理论运用于实践"，对此，罗素以及许多学者都持批判态度。因为理论与实践乃是一个单一活动的两个相互作用的方面，而不是各自独立的领域。根据研究，专业知识是不能与专业经验分离的，因此，教师要进行教学实践，仅仅学习教育理论和学科知识是远远不够的，还必须积极将理论知识应用于教学实践中，力求"知"和"行"的协调一致。

另外，教师在进行教学实践的过程中，还必须尽量做到"行思并进"。根据美国著名的反思性实践运动的倡导者肖恩的研究，一个专业人士在他的专业工作中，并不是单纯地应用过去在他的专业训练中所学到的专业知识，而是在他的工作中以一种"行中思"的方式解决问题。因此，倡导教师进行教学反思，就是希望教师能通过对自己的教学活动以及学生的表现做认真的观察、分析和批判性的反思，尽量做到"知""行""思"三者一体化，从而有效缩短理论与实践之间的差距。

最后，进行教学反思可以进一步地激发语文教师终身学习的自觉冲动，激活教学智慧，提高语文课堂教学有效性。

不断地反思会不断地发现困惑，"教然后而知困"，不断发现一个个陌生的自我，从而促使自己拜师求教，书海寻宝。学习反思的过程也是语文教师人生不断成长与完善的过程。语文教学反思可以激活语文教师的教学智慧，以提高语文课堂教学的有效性。

反思是一种手段。反思后则奋进。存在问题就整改，发现问题则深思，找到经验就升华。如此说来，语文教学反思的真谛就在于语文教师要敢于怀疑自己，敢于和善于突破、超越自我，不断地向高层次迈进。你可能在灯光下静静夜思，回顾和展望。你可能倚着窗口，遥望星空，夜不能寐。正因为教学反思具有别人不可替代的个性化特征，你就有可能形成个性化的教学模式。多进行教学反思，等于在本来没有窗的墙上开了一排窗，你可以领略到前所未有的另外一面的风光。你不但是多了一双眼睛、一对耳朵和一条舌头，甚至还多了一个头脑！

第四节　语文教学反思的特征

语文教学反思是语文教师对自己的教学理念、教学行为、教学过程等，进行理性化的审视、分析和反省，并用文字进行概括，形成自己的观点、见解的一种职业化过程。它具有六个基本特征：

一、自觉性

即用自主、自觉的态度去反思。语文教学反思对语文教师而言，是一种高度自觉和自主的自我研修行为，是一种积极的精神活动，是一种高层次的工作方式。反思教学是教师的职业的内需，而不仅是外来任务。语文教学反思所具有的内在品质，决定着语文教师的教学反思必须自觉地、自主地进行才有收获，靠外力作用、被动的"反思"是达不到反思目的的。经常会在老师的备课本后记中看到"这堂课如期完成教学目标，学生课堂气氛较好""今天这堂课上得不尽如人意，因为初读环节时间花得过多，导致后面精读部分没有讲透，学生表现也不积极"等等这样的反思语言。其实，仔细看这些反思语言，就会发现，这些并不是出自老师内心自觉的意愿，而是迫于上级要检查，用一种应付的心理草草了事，没有真正反思问题的根源。这种程式化的语言只能说老师是在为反思检查而反思，并不是真正自觉性的反思。总之，语文教学反思贵在自觉，自觉有意的反思才能真正促进我们的课堂教学。

二、批判性

即用批判的眼光去反思自己的教学活动。对于教师的专业成长，波斯纳提出了"教师成长 = 经验 + 反思"的公式。在这个公式中，经验是基础，经验是重要的，但未经反思的经验可能是肤浅的、狭隘的甚至是错误的。在这个公式中，反思的对象是经验，反思的目的在于审视和批判经验，使经验变得合理而有效。如果我们把"天不过井口那么大"看成青蛙的经验，要改造这一经验，从井里跳出来观察是一条有效的途径。现在的问题是青蛙何以想跳出自己的井？在这里小鸟就成了推动者，是小鸟的"天大得很"引起青蛙对"天不过井口那么大"的原有经验的怀疑，仅有"小鸟"的新经验远远不够，在小鸟的"天大得很"面前，如果青蛙坚持"我坐在井里，天天看到天，我是不会错的"，它就不会跳出"井"，也就难以对原有经验保持审视和批判的态度。这就需要反思，就需要想一想"我天天坐在井里，会不会错"。这就告诉我们，要改造自己的经验，还需要对原有经验保持开放的心态。从语文学科的角度看，当某一语文教学活动告一段落后，在一定的理念指导下，用"不满"的心态，对语文教学进行冷静的思考、分析，去发现和研究教学过程中存在的问题，或者对有效的经验进行理性化的总结与提升。当语文教师一旦发现肯定的结果，就即刻推广到语文教学活动的全部过程，并不断调整教学活动方案，改变活动过程的行为结构；而一旦碰壁，则马上改进，重新探索新的教学行为方式，在批判中有效地控制自己的行为，使自身的教学行为过程在自我批判中变成一个不断发展、螺旋上升的过程，把自己的语文教学实践提高到一个新的高度。显然，当语文教学反思具有很强的批判性时，语文教师的反思才深刻。

例如本校教研组一位老师执教《我的伯父鲁迅先生》一文第一段时，让学生在划找感悟人们深切怀念鲁迅先生的句子后，就让学生进行有感情地朗读，我们总觉得学生朗读感情不充分。于是，带着一种批判的眼光去反思课堂教学环节，不难发现读找句子对学生来说并不难，但要让学生头脑里展现这样一种沉痛的悼念场景，甚至理解人们为什么会这样尊敬鲁迅先生，对学生来说是有难度的，朗读的情感自然也不会到位。经过反思，我们发现课后有巴金先生写的《永远不能忘记的事情》一文的节选，如果把这篇鲜活的、生动的、催人泪下的文章与第一段的教学结合起来，再加上教师概括性的介绍鲁迅曾为劳苦大众做出的诸多贡献，效果应该会不同。在组内第二次施教时，采用了反思后的教学策略，学生情感朗读的效果好了不少。

三、创造性

即创造性地解决语文教学中存在的问题。反思自己的语文课堂教学，寻找自己教学中存在的问题，并在理论的支持与指导下形成自己独特的见解与观点，以此来解决在语文教学中存在的困惑，形成解决问题的有效办法。"语文教学反思"若无创造性、不能"更新"自己的语文课堂教学，那就是无效的反思。

例如，五年级上《"精彩极了"和"糟糕透了"》一课，重在通过学习父母对巴迪写的诗截然不同的评价，体会父母的爱。但文中写巴迪的句子也很有特色，从多个角度写出了巴迪当时着急、难过等心情。如何用好这些语段，如何不使主次颠倒，创造性地处理教材呢？在多次施教的过程后，我们采用了略教的方法处理写巴迪心情的语句。采用"语段欣赏"的方式，引导学生从不断出现时间词或连续出现时间词中体会巴迪着急的心情；从一系列动词体会巴迪难过的心情。通过教师小结性的语言，引导学生关注写作人物的心情可以从多个方面着手，这样既可避免写作方法的单一，又可起到传神的描写效果。

四、超越性

即能使语文教师得到发展和超越。反思是一种手段，其目的是促使语文教师寻找问题，思考问题，解决问题，并在其中得到提升与发展。语文教学反思的真谛应该是使语文教师敢于怀疑自己，敢于和善于挑自己的刺，敢于正视自己在教学中存在的问题，通过反思突破自我、突破自身封闭，在反思中不断地超越自我，不断地向高层次、高境界迈进。这也正是语文教学反思的目的所在。

记得余姚市首届课堂节上我执教了三年级下《检阅》一课，在工作室成员的帮助下，经过多次的课堂磨炼，教学预案终于成行。在展示中，学生理解、品味、朗读、训练都很顺利，可就在结尾处出现了遗憾：当我问到面对这样一群儿童队员，你想对他们说些什么的时候，学生的回答总是停留在对队员们做出的决定进行评价，而没有触及这个决定背后所闪烁的心灵的光辉。在我的追问下，虽然学生后来说到了他们关心同学、团结互助等词，但显得生硬。反思自己的教学，在工作室成员的帮助下共同寻找问题，我们发现如果在之前的某几个环节中再追问一步，兴许就不会出现那种遗憾：在教学"棘手"一词后进行追问：从孩子们左右为难可以看出这是一群怎样的孩子？在教学"羡慕"后追问别的队羡慕我们是因为我们的队伍里有一个拄拐的儿童队员吗？由此可见，即使是打磨了好久的课堂，还是需要不断反思，不断否定自己，这样，才能超越自我，这也是教学反思的意义所在。

五、个性化

语文教学反思是语文教师自觉地把自己的教学实践作为认识对象进行反思，属于"自我反思""个人奋斗"。语文教学反思具有别人不可替代的个性化特征，一个语文教师如果长期坚持，就有可能形成个性化的教学风格：如有的教师常从教材处理、整体设计上反思，那他的课就往往显得大气、新颖；有的老师经常从教学细节处反思，课就会呈现细腻、严谨的风格；善于考虑课堂中语言训练是否到位的老师，他的课会让人觉得实在、扎实等。

六、内隐性

"反思是一个复杂的心理过程，是教师对以往的言论和行为重新做出价值判断和选择的过程。在这个过程中，有新旧观念的激烈交锋，有对与错、优与劣的价值判断，有为与不为的重要选择，有习惯行为与现实行为或理想行为的重新选择，这些都是在心灵深处展开的，看不见摸不着，他人也无法窥视和描摹。"教学反思是旧我与新我的斗争过程，在这个过程中，旧的观念与习惯行为要保持它的惯性，而新的观念以及由新的观念支配的教学行为方式代表着事物发展的方向，这就要求教师重新做出选择。这样，新我与旧我不断较量，这个过程就是反思，在语文学科就是语文教学反思，因为这个过程是在语文教师的灵魂深处进行的，所以具有内隐性。

符合以上特性的语文教学反思，才是真正意义的教学反思，才能真正对语文教师的专业成长发挥作用，才能真正提高语文课堂教学的有效性。我们只有理解掌握了语文教学反思的特性，才能避免走进误区，才能从行动上真正走上语文教学反思的"正道"。

第五节　语文教学反思的作用

反思意识和能力是一种理性智慧，通过语文教学反思，语文教师能对自己的教育教学观念进行客观的、理性的认识、判断、评价，进行有效的调节，并最终形成个人化的、独特的带有新质特点的教育教学观念。通过反思意识和能力的发展，教师的自主能力逐渐地得到增强。因此，现在教育行政部门和学校都要求老师撰写教学反思，有些老师觉得有点形式主义，表现得不是很积极。但笔者认为教师进行教学反思非常重要，现就个人的教学实践来谈谈语文教学反思的作用。

一、进行语文教学反思，有利于教师形成良好的职业道德

语文教师形成反思意识，养成反思习惯的本身就是对教育事业、对学生、对自己的责任感的增强，它有助于形成教师爱岗敬业、虚心好学、自我否定、追求完美等优良职业品质。一般来说，缺乏道德感和责任感的教师，除非因教学上的失误或迫于外界压力，否则不会自觉反思自己的教学行为。而提倡语文教学反思，使教师自觉地在教前、教中、教后严谨地审视自己的教学行为，改进自己的教学实践，从而提高教学质量。因此，倡导语文教学反思，是增强教师道德和责任感的有效途径之一。

二、进行语文教学反思，有利于提高教师的教学专业水平

要适应 21 世纪教育教学发展的需要，语文教师就要努力把自己从经验型教师转变为研究型、学者型教师。语文教学反思的过程就是一个研究、提炼、升华的过程，它使我们的语文教学从感性认识上升到理性认识，可以得出新的教学规律，并在语文教学实践中检验和发展教学理论，从而提高自身素质。进行语文教学反思，可以帮助语文教师挖掘或梳理出经验中蕴含的原理，使经验升华为理论，这样教师可以做的不仅知其然而且知其所以然。同时，对语文课堂教学的反思可以帮助教师逐步形成自己的教学风格，形成独具个性的专业理念。

一个教师，从走上讲台的第一天起，就开始了反思的教学旅程。如果只是一味地备课、上课、批改，而没有静下心来进行反思，是很难有进步的，他只能故步自封，在原地踏步，或者说进步极慢。教师反思既可以是自身独立的反思，也可以是借助教研组的力量，在课堂磨炼的过程中，借助他人的力量进行反思，因为集众人力量，反思的面更广，也更有深度。

总之，自我反思有助于改造和提升语文教师的教学经验，经验 + 反思 = 成长，没有经过反思的经验是狭隘的经验，意识性不够，系统性不强，它可能只能形成肤浅的认识，并容易导致语文教师产生封闭的心态，从而不仅无助于而且可能阻碍语文教师的专业成长。只有经过反思，使原始的经验不断地处于被审视、被修正、被强化、被否定等思维加工中，去粗存精，去伪存真，这样经验才会得到提炼、得到升华，从而成为一种开放性的系统和理性的力量，唯其如此，经验才能成为促进语文教师专业成长的有力杠杆。

三、进行语文教学反思，有利于提升语文课堂教学的有效性

从教师自身角度看，每位语文教师都有备好课上好课的愿望。然而，

无论我们备课多么充分，都有可能出现不完美的地方，甚至某种失误。通过教学反思，我们能够从中发现自己的不足，以便扬长避短，加深对语文教学的理解，纠正教学中出现的偏差，提高知识传授的正确度和教学的有效性。

如校内教研组一位青年教师执教《丑小鸭》一课时，老师为了让学生深刻体会丑小鸭的孤独，要求学生换位思考：如果你是丑小鸭的哥哥、姐姐，你在咬丑小鸭的时候，会说些什么？一石激起千层浪，学生纷纷举手发言，但所说话语都是站在哥哥姐姐的立场上的，说出来的话句句刻薄，句句伤人心。很显然，老师的设计不但没有达到预期的效果，更是让学生的情感体验走入了误区，影响了对学生正确的人生观和价值观的培养。教研组内评课时指出了问题，这位老师也进行了有效的反思，把这个环节去掉，改成了："谁都不喜欢丑小鸭，可怜孤独的丑小鸭多么希望……"这样的想象说话练习。这个说话练习能站在丑小鸭的角度，说说它的心里话，从而去体会丑小鸭的孤独、难过。从后来的课堂观察来看，收到了较好的效果。

一节课是短暂的，但语文教师的教学生涯是漫长的。若干年之后，语文教师很难记起当年的教学情况，只有勤于笔耕，及时捕捉信息，并把它记录下来，宝贵经验才会永久保存。通过教学反思，能为自己的后续教学提供经验和教训，以利自身语文课堂教学有效性的提升。

四、进行语文教学反思，有利于推动师生关系的和谐发展

人性是教育的立身之本，是教育的起点，也是教育的终点，贯穿于教育教学活动的全过程。教师批评学生时，可能会遭到学生的顶撞，若处理不当，可能会伤及学生的自尊心，会影响到师生之间的人际关系。更为严重的是，不当的指责会毁灭学生远大的理想、美好的愿望。所以，通过教学反思，教师可以反思自己课堂上的一言一行，理智地分析自己的教学方法，提高教学技巧，促进学生的发展，改善师生关系。

在众多教师课堂语言中，评价语言更值得关注，经常反思我们的评价语言，是有利于推动师生关系和谐发展的。在《小学教学设计》中看到这样一个教学案例：老师在教《春雨的色彩》一课时问孩子：课文中小燕子、小黄莺和麻雀认为春雨是什么颜色的？学生回答后，老师又问：那你们想一想，三只小鸟到底谁说得对呢？学生各说各的，一个学生突然说："老师，春雨是无色的，这是妈妈告诉我的，准没错。"好几个同学也同意这个观点。这时，老师评价："是的，说得很不错，春雨是无色的，但它却给我们带来了一个五彩缤纷的世界。大家想一想，春雨给我们带来了哪些色彩呢？"学生纷纷回到课文中，有感情地朗读文中的句子。反思这个老师的课堂语言，不难发现，老师循循善诱，用巧妙的话语既肯定了学生，又合理地把教学内容串联了起来，营造了一种和谐的课堂氛围。

五、进行语文教学反思，有利于增强教师的对教学的自信心

从教育教学的内在特性看，教师应是一个"敏感"的人，包括对变化的敏感、对事件的敏感、对问题的敏感。我们总看到这样的情况，为师久了，热情渐减，习惯厌倦，不觉得有新的价值与意义，出现了"职业衰竭"现象。教学反思，以其"换个视角、换个心态"的方式，会使语文教师重新获得职业的敏感性，不断从点滴细微中感受职业的乐趣，增强工作的自信心。

第六节　对反思要素的关系认识

语文课堂教学要提高有效性，教学反思必须"思"之有理。这里的"理"特指思出的道理，思出的门道，思出的规律。其实质就是反思的层次由"现象"向"本质"升华；其过程就是教师的角色由"经验"向"科研"转型。为此，我们语文教师必须对反思的要素有清醒的认识，下面综合部

分学者的观点和语文学科的特点试作探讨：

一、教学是反思的基石

真知源于实践。任何反思"真经"的获取，都必须经过"实践—反思—再实践—再反思"的过程。语文教师在设计教学预案时，构思的胆子应当壮一点，改革的步伐应当大一些，创新的力度应当强一些。宁要"失败"的创新，不要"成功"的守旧。因为守旧无出路，唯有创新才有希望，才有进步，才有跨越。当语文教学的预案经过教学实践的检验后，必然有"得"有"失"。此时的教师，人要坐下来，心要沉下来，脑要动起来，分析"得失"的成因，寻找对症的"良药"，制定改进的方案，进行再实践。这样经过"实践"与"反思"的循环，就会识得语文课堂教学的"庐山真面目"。

二、理念是反思的支柱

教学行为是受教育理念支配的。语文教学反思必须在先进理念的支配下进行：在目标上，要由"单一"向"三维"转变；在内容上，要由"书本"向"生活"转变；在教法上，要由"灌输"向"引导"转变；在要求上，要由"统一"向"差异"转变；在训练上，要由"结果"向"过程"转变；在评价上，要由"评判"向"诊断"转变；等等。只有将先进的教育教学理念扎根于心底，语文教学反思才会"一览众山小"。请看下面这则优秀教学反思。

徜徉在"紫丁香"的诗情中

——《一株紫丁香》教学反思

余姚市长安小学　郑屹

在市第二期"领雁工程"学员听课实践活动中，我执教了人教版语文第三册第二单元中的第一篇课文《一株紫丁香》。课前，我对文本做了这样的整体性解读：从形式上看，这篇课文语言朴素优美，读起来朗朗上口，回味悠长，是一首活泼清新的儿童诗歌。从内容上看，课文用儿童的口吻说话，以一株紫丁香为寄托，表达了少年儿童尊师爱师的真挚感情，同时也从一个侧面塑造了老师勤奋工作，心系学生的美好形象。可以说，这是一篇感悟诗歌美、体会师生情的好教材。于是，我又做了这样的思考：既然是一首诗，便要上出"诗"的韵味；既然充满真情，便要带学生走进"情"的天地。基于这样的理解，我把本课教学在阅读层面上的重点，关注在了"如何让学生了解诗的特点，体会诗的情感，从而达到'诗'与'情'的和谐共振"这一点上。下面就以课堂实录的片断为例，来具体说明这一理念在教学中的达成。

（一）挖掘教学价值，感悟诗的特点

儿童诗歌具有语言精练、音韵和谐、意境优美的特点，对于规范孩子的语言有着无法替代的作用。因此在教学时，我就努力挖掘诗中的教学价值，抓住一个个有效教学的内容，引领学生感悟诗的特点。

1.走进诗的语言在悟读第一节诗时——

师：老师也喜欢这一节诗，因为它写得很美。你瞧，"踮起脚尖儿"，多美的一个词儿啊！（课件出示短语：踮起脚尖儿。"踮起"和"脚尖儿"分别用不同颜色表示。）

师：你发现了什么？

生：我发现"踮起"是个表示动作的词，"脚尖儿"表示事物的名称。

师：你有一双会发现的慧眼。谁能从这一节中再找找这样的词。

生：走进小院。

生：栽下紫丁香。

师：你还能另外说几个吗？

生：举起火把。

生：撑开小伞。

诗歌是最讲求语言的艺术，如果不带学生走进诗歌的语言，就无法使他们领略诗歌的美。因此，教学儿童诗，就要让学生走进"诗"的语言。但对于二年级的学生来说，领略诗歌的语言，不能像中学生那样，向他们讲解什么是诗歌语言的凝练、含蓄，什么是诗歌语言中的修辞艺术，也不宜把这一目标过高地定位在语言的鉴赏和创作上。我觉得适当地积累和运用语言，是这一学段学生领悟诗歌语言的重点所在。那么什么样的语言是适合这一学段学生积累和运用的呢？我觉得那些优美的或富有结构特色的词语、短语、短句等，都是可以挖掘的内容。在《一株紫丁香》这首诗中，"踮起脚尖儿"这个短语就是一个很好的语言切入点。在教学中，我首先让学生发现这一短语的构成规律，理解这一语言形式的特点。然后让他们在文中寻找这样的短语，进行迁移运用。最后上升到应用的层面，让他们说说这样的短语。这样的教学，有助于学生感悟诗歌语言的美，为培养他们良好的语感打下基础。

2. 读出诗的韵律

朗读第一节诗歌时——

师：这节诗不仅写得美，而且读起来也很美，你听。

（边范读边演示课件，课件打出"尖""院""前"三个字的读音，并给韵母"an"标上红色。）

师：你发现了什么吗？

生：这些字的韵母都是"an"。

生：而且它们都排在一行诗句的后面。

师：对，这是一首儿童诗，把韵母相同或相似的字有规律地放在诗文的句尾，这是诗歌的一个特点——押韵。诗歌——押韵，我们吟诵起来就非常顺口悦耳，不信你就试试吧。

诗歌是有节奏、有韵律的一种语言艺术形式。让学生读出诗的韵律，是诗歌教学所要承载的任务之一。在一年级"使学生在传唱、吟咏中自然而然地感悟到诗歌的韵律美"的基础上，让学生了解诗歌押韵的特点，可以帮助学生更好地读出诗歌的韵律和节奏。在《一株紫丁香》第一节诗歌的教学中，我通过课件让孩子们自己发现诗歌中"押韵"这一特点，并在不断吟诵的过程中，使他们感受诗歌的"韵味"，激起他们美读美诵的渴望，从而在一定程度上积淀语言的韵律和节奏感。

3. 感受诗的意境

在悟读第二节诗歌时——

师：小朋友们知道"夜夜"是什么意思吗？

生："夜夜"就是每天晚上。

师：你知道老师每天晚上都在干什么吗？

生：我知道晚上老师还要给我们批改作业。

生：老师还在准备第二天要上的课。

生：有时老师会写点文章。

生：老师还要为我们的班级博客上传日记和照片。

师：是啊，老师每天晚上都在备课、学习、批改作业，多辛苦啊！

叶圣陶先生说："作者始有境，入境始觉亲。"作者在此时被此景所触发而生的情，融成笔端简单的几句诗，其思维的跳跃往往较大，相应的留白较多，给读者留下了广阔的想象空间，读者唯有入其境，才能领其情。诗歌教学我们不能忽视对诗歌意境的感悟。在这一环节中，我就抓住"夜夜"这个词，捕捉了诗中空白，为学生搭建"入境"的阶梯，让学生一边走进文本，一边获得体验。这个词牵出了老师对孩子们无限的关怀，自然也牵出了孩子对老师深深的爱意，诗歌的意境也就是这么品味出来了。

（二）潜心吟诵，走进情的天地

诗歌是最为注重情感的一种艺术形式，可以说诗歌的生命和灵魂就是情感，情感体验在诗歌教学中应是第一位的。因此让孩子们的心灵与诗人亲密接触，带他们真正体会诗歌的情感，是儿童诗歌教学的又一个重点。那么如何引领学生走入诗境，感受诗情呢？我在《一株紫丁香》教学中所做的一些尝试，让我觉得"潜心吟诵"不失为一个有效的教学策略。"潜心"意为"用心地、深沉地"。要让学生入情，潜心是吟诵的前提，而吟诵又是潜心的保证。

1. 角色体验，披文入情在悟读第一小节时——

师：孩子们是怎样走进这安静的小院的？

生：踮起脚尖儿，走进安静的小院。

师：请你踮起脚尖儿，走进安静的小院，栽下一株紫丁香吧！学生表演读。

师：你为什么踮起脚尖儿走路？

生：因为我不想让老师发现，想给老师一个惊喜。

生：因为老师正在工作，我不想打扰她，好让她早点儿做完，早点儿休息。

生：小院本来就很安静，我不想破坏这份安静。

师：是啊，老师正在安静的小院里认真地钻研教材，为明天的教学作好准备。我们可不能去打扰她啊，所以我们要踮起脚尖儿轻点儿再轻点儿。你能把这一小节读好吗？自己试试。

（指名读。）

师：多懂事的孩子啊，我知道你的心里装着老师！

师：真是个心细的孩子啊，从你的朗读中我感受到了你对老师的爱。

让学生走进文本，要用恰当的方法进行引导。把角色体验融入诗歌的吟诵中，可以让学生很快进入诗境，获得深刻而真切的体验。在悟读第一节诗时，我先让学生做做"踮起脚尖儿"的动作，进行表演朗读，接着又以一句"你为什么踮起脚尖儿走路"进行设问，完成角色的转换，让学生从一开始就自然而然走进文本，走进诗境，勾起他们的尊师之情。在这样的情境中，学生的吟诵已经成了自己的需要，情由境生，情融诵中。而当学生进入了文本的角色，进行有感情地吟诵时，教师也要根据创设的情境，把自己融入其中，对学生的朗读进行恰当而富有激励性地评价。而这样的评价语言又会成为学生情感激发的催化剂，为学生的深情吟诵推波助澜。

2.丰富文本，设境激情在吟诵第二节诗时——

师：是啊，老师每天晚上都在备课、学习、批改作业，多辛苦啊！所以，我们要栽下紫丁香，——

生：就让它绿色的枝叶，伸进您的窗口，夜夜和您做伴。

师：多美好的心灵啊，多美好的祝愿啊！你能把这节读好吗？自己先试试。

（指名读。）

师：你浓浓的情意我懂了。

师：那绿色的枝叶就是你最真的祝愿啊，谢谢你！

师：你们的心里也一定荡漾着这样美好的心愿吧，一齐告诉老师，好吗？

（出示"群星闪耀、老师深夜工作、接班人茁壮成长"三幅画面配上音乐《每当我走过老师窗前》，师生合作读）

师：那静静的深夜群星在闪耀，老师的房间还彻夜明亮。我们把一株紫丁香栽在您的窗前——

生齐读第二节。

师：为了培育新一代，辛勤的园丁，夜深了，您还在灯光下备课、批改作业。我们把一株紫丁香栽在您的窗前——

生齐读第二节。

师：在您的培育下，一朵朵花儿绽放着笑脸，一群群接班人正在茁壮成长。感谢您，亲爱的老师，我们把一株紫丁香栽在您的窗前——

生齐读第二节。

儿童诗语句优美，对学生来说，有着强烈的吟诵欲望。但诗歌凝练的笔调，隐藏的意境，又对他们的潜心吟诵带来了一定的难度。让学生潜心吟诵，教师还要找到能生发学生情感的切入口，创设情境，丰富文本的内涵。课文的第二节诗，看似简单，实则饱含着学生对老师的满腔深情。怎样让学生透过诗句的表面，去品味隐含的诗情呢？在通过角色体验进入诗境的基础上，我采用了设境复读的形式，引领学生潜心吟诵。因为这首儿童诗的意境和歌曲《每当我走过老师窗前》的意境有着异曲同工之妙因此我把两者有机地融合起来，借助画面、音乐等形式，调动学生的视觉、听觉等感官，并用三段意蕴上层层递进、情感上层层深入的文字，为文本创设了一个丰富而又深刻的意境。就是在这样真切感人的情境中，就是在这样步步深入的吟诵中，孩子的心弦一次次被触动，他们的激情一次次被点燃！

3.联系实际，拓展升情在总结延伸时——

师：你们心中对老师的那份沉甸甸的爱我懂了，也感受到了。教师节那天，老师收到了小朋友们亲手制作的一张张精致的贺卡，贺卡上那深情的话语让我感动不已。让我们回放一下吧。

（课件展示本班学生教师节赠送的贺卡及祝福语。）

生：虽然我不是您最好的学生，但您是我最好的老师！祝老师节日快乐！

师（走过去，摸着他的头）：谢谢你！老师想告诉你的是，我可能算不上是你最好的老师，但你一定是我最好的学生之一！

生：传播知识，就是播种希望，播种幸福。老师，您就是这希望和幸福的播种人！我们爱您！

师：你的话让我感到作为一个老师的神圣与责任。我也爱你们！

（展示更多孩子的贺卡。）

师：这一张张贺卡凝聚着你对老师最真最纯的爱，谢谢你们，孩子们！（配乐和诗）

生齐读第一节。

师：窗下的脚步，那样轻轻、悄悄。那是亲爱的孩子们，生怕把老师惊扰。我不曾放下批改作业的笔，嘴角却漾起了微笑。

生齐读第二节。

师：绿色代表童年，将阳光组合为成长。你们就是那鲜活的绿枝，跳跃着生命的希望。

生齐读第三节。

师：听到了，听到了——绿叶在风里沙沙，那是你们成长的足音，是最美的音符，是消除老师疲惫的最好药方。

生齐读第四节。

师：孩子——愿你们的笑脸，永远比花朵更灿烂。老师对你们的爱，亦将常开不败。

生齐读第五节。

师：爱，把心桥构建；梦，将未来召唤。在紫丁香的芬芳里，我会永远不知疲倦。只是想，牵着你们的手，走向灿烂的明天！

领悟诗"情"，还不能只局限于诗句本身。在读懂诗歌、领会诗意的基础上，教师或可以联系实际进行总结升华，或可以拓展文本进行阅读延伸，让学生的潜心吟诵既能沉入文本，又能意在诗外，并且在这样的过程中得到提升。在《一株紫丁香》结课时，我把自己在教师节时收到的孩子们的贺卡拍成照片，制成课件，进行了当堂展示。因为贺卡都是孩子们亲手做的，祝福语都是孩子们自己写的，这最真实的画面，最真实的声音，最能激起他们最热烈最真挚的感情。而我也把自己的言行，自己的真情实感，熔铸于教学之中。正是因为有了这样的真实，我们的课堂才涌动着一份浓浓的情，一份沉沉的爱！在这样的情感铺垫下，最后，我们又以"和诗"的形式进行了师生合作朗读，学生的情感体验在一次次深情的对话、一段段深情的朗读中达到高潮，而此时的我，亦心潮澎湃，激情洋溢，深情地吟咏着那份关于紫丁香的爱！这样的潜心吟诵，既使文本得到了有效拓展，又使师生的交流达到了水乳交融的境界。

诗情、诗意、诗心藏在每一个人的心中，让孩子们爱诗懂诗诵诗吧！借一抹紫丁香的芬芳，愿我们的课堂充满灵动的诗意，让我们的教学蒙上诗性的光辉！

三、内需是反思的动力

语文教学是一门艺术。其间的奥妙，一个人不可能经过一两次的反思就能发现，它往往需要反复多次乃至一生的揣摩与奋斗。因此，语文教师要不断地实践，不断地反思，力图在实践中丰富实践，在反思中学会反思。教育教学的对象是学生，学生的发展是不断变化的。如果教师知识不更新，方法不改造，得失不反思，年复一年，日复一日，就无法摆脱在一成不变的自我圈子里循环往复。语文教师只有将反思变为自觉主动的行为，化反思为专业成长的内需，语文教学反思才有"源头活水来"。

四、研究是反思的通途

研究是语文教学反思通向成功的途径。日常语文教学中的反思往往是零碎的，零碎的反思只有经过整合方能显露其本质。这就需要进行语文教学反思的行动研究，从零碎的反思中筛选出最具代表性、最具前瞻性、最具价值性的热点问题，进行分析、归纳和总结。或透视其症状，诊断其原因，吸取其教训；或梳理其感悟，提炼其精髓，发掘其经验。在此基础上制订出切实可行的改进方案，扬善救失，最后形成行动研究的报告或教学反思的论文，进行多向交流，实现资源共享。只有进行这样的行动研究，语文教学反思才能发挥最大的效用。

以上"教学""理念""内需""研究"是"反思"的要素，更是"语文教学反思"的要素，我们语文教师只有对这些要素有深刻的理解，并对这些要素与反思的关系有客观的认识，我们的语文教学反思才会深刻有效。

第六章　语文教学反思的重要策略

自我反思是教师立足于自己的实践经验，通过深刻的内省来调控自己的情绪和行为，整合自己的知识和信念的活动。通过反思，我们要达成何种认识，更新哪些行为，怎样才能使反思更有效果，怎样通过反思来改进我们的教学，这是我们首先要思考的重要问题。

第一节　在教学理念的引领下反思

新课程的深入推进使我们对教学理念从理论的学习转化成了教学行为，语文课堂的面貌正悄悄地发生着改变，语文课堂的实效性也在不断地提高。在教学理念的引领下反思，使我们能从更高、更深的角度去思考教学，改进我们的课堂。

一、以教统学还是以学定教？

教学就是为了促进学生最大的发展，学生能在课堂上收获什么，获得怎样的发展，这是我们在教学时应思考的第一个问题。很长时间以来，语文老师面对一册教材，面对一篇课文，首先考虑的是我怎么教，我怎么来设计这个教案，我怎么来完成教学任务；而忽略思考了学生会怎么学，他们学习的过程中会碰到哪些困难，我怎么来帮助学生进行更好的学习。所以有时一堂课设计得很精致，设想得很完美，但教学的效果却不尽如人意；有时解读得很深刻，设计得很独特，但不符合学生的认知特点，教学出现"水油分离"现象；有时好好的课堂，却因一个小细节的疏忽而出现紊乱⋯⋯

为什么理想和课堂现实会出现这么大的差距？我们要从学生学习的角度来反思自己的教学。有位老师描述了自己在教学二年级《葡萄沟》一课时的情况：

引入课题"葡萄沟"后，我和学生进行如下对话：

师：葡萄沟在哪呢？

生1：新疆。

生2：吐鲁番。

我随机教学词语：新疆、吐鲁番。

随后出示幻灯片：新疆地图，我让学生在地图上找到吐鲁番。

顿时，教室里热闹开了：有学生面露喜色，因为他在地图上找到吐鲁番了；也有学生面露惊讶，似乎他发现了"新大陆"，有的甚至在座位上小声嘀咕："火焰山！火焰山！"

我请一个学生到讲台前来，在地图上指出"吐鲁番"，学生的回答令人满意，达到了我预定的目的，我就想着进行下一个教学环节，教学字词，过了字词关以后，再教学第1自然段（吐鲁番的水果丰收了）和第2自然段（葡萄丰收）。可此时学生的眼球早已被"火焰山"牢牢吸住。我要照着我预设的目标迈进，但学生的思绪却为"火焰山"滞留，有学生索性兴致极高地举手质疑。尽管我知道学生此时的质疑肯定会偏离我预设的轨道，可那高举的小手，渴求的眼神，让我不得不请他发言：

生1：这"火焰山"是《西游记》中的"火焰山"吗？

生2：吐鲁番在"火焰山"旁边，那葡萄不全烤焦了吗？

听了学生的质疑，霎时间，我内心的思想斗争也很激烈：不理吧，学生疑问重重，不肯善罢甘休，再说已经提出来了，我岂能不顾学生的感受，当作没听见？理睬这些问题吧，我又该如何回答？这真让我在一瞬间犯难……

教学的煎熬过去之后，这位老师进行了深入的反思：

新课程理念告诉我们：学生是课堂教学的主体，我们应该更多地着眼学生，关注学生的方方面面，学生需要什么，对什么感兴趣，我觉得我们应该蹲下来，用学生的眼光来看待身边的事物，学生感兴趣的事物能激发他们的求知欲望，有利于提高课堂教学效率，但并非学生感兴趣的所有事物都能利于课堂。就如这堂课中出现的"火焰山"，太引人注目了，《西游记》可说是男女老幼尽人皆知，这字眼不由得让人想起《西游记》中的"火焰山"，且不说此山是不是那山，学生单看这三个字，就会联想到那熊熊大火，也难怪学生会如此好奇。如果我在课前搬掉这座让学生双眼发光的"火焰山"，在课堂上就不会出现那犯难的处境；又如果我能及早注意这座"火焰山"，在课前充分准备，将"火焰山"预设好，那么课堂上也就能生成好，不至于当生成出现时，手足无措。事实上，我在利用这幅地图时，就没有关注到"火焰山"对学生的诱惑力，没有从学生的角度去思考问题，这是教学失败的主要原因。

二、教教材还是用教材？

语文教学的特殊性决定了它的教学内容是由一篇篇选文组成的，把这一篇篇的课文教会，还是凭借这"一篇篇课文"例子让学生在学习中学会能力？这是课程理念的本质区别。新教材课文都适量增多，文章内涵一定程度的加深，让我们的老师经常抱怨：课文教都来不及。很多老师面对一篇课文，总觉得课文中的内容都要在课堂教学中落实，把课文中的知识都传授给学生，所以把教材条分缕析了，把内容肢解了，教学面面俱到了，课堂上，教师教得很辛苦，满以为该讲的都讲了，该理解的都理解了，可结果并不尽如人意，学生学得更累，而且很多时候是一头雾水。怎么发挥教材是例子的作用，通过对例子的研究，提炼学生学习上最有价值的东西引领学习，这需要我们进行深入的反思：我在教教材还是用教材？

余映潮老师执教的四年级上《颐和园》一课，会给我们就以上这个问题带来很大的启发：

师：今天我们换另外一种方法上课，你们害不害怕啊？

生：（摇头）不害怕！

师：好的，我们换一种什么样的方式呢？六个字：读课文，学作文。

板书：读课文，学作文

师：第一个动作，请同学们选几个句子说一说或者选几个句子读读，什么句子呢？注意：你们选的几个句子应该是这篇课文的骨架。

师："骨架"就是指课文的提纲，现在请同学们拿起笔，勾画出这篇课文的提纲。

（生独立活动）

教师组织交流，随机引导……

师：看老师写两个字"游赏"，把游玩的过程记下来就是游记，反过来也叫记游。你看我们刚才勾画出来的课文的骨架，就是写游记，搭架子的方法。

师：好，我们现在就来学搭架子。

板书：一学整体构思；首尾呼应，移步换景。

师：什么是移步换景？你边走边看，一路景物在变，你把它写出来，就是移步换景。请你们把你刚才读过的句子再一个一个读一下，我再给你们点评一下。

师：颐和园到处有美丽的景色，说也不说不尽，希望你有机会去细细游赏。

生：这是总结。

师：这是与文章开头相呼应的结尾，请大家注意"美丽"一词。

师：好，我们再选个段落读一读，读"登上万寿山"这一段。

生：(齐读)

师：好，再读慢一点，把第一句再读一读。

生：登上万寿山，站在佛香阁的前面向下望，颐和园的景色大半收在眼底。

师：第一个句子有一个很重要的词——景色，那么它是不是告诉我们后面就要写景色了。

生：是。

师：你们再看，写了哪些景色？把它的关键词圈出来。

师：我们来说说这一段看到的几种景色，哪位同学来？

生：写的景色有树丛、琉璃瓦、屋顶、宫墙、昆明湖、游船、画舫、城楼和白塔。

师：哦，这里没有分类，现在我们根据课文再分一下类，最先看到什么，再看到什么，再看到什么。

师：哪位同学再来说？

生：景色是树丛、琉璃瓦屋顶、宫墙。

师：这是最先看到的，因为比较近，所以往下一看就是树丛、琉璃瓦、宫墙。继续说。

生：在昆明湖看到的是游船，画舫，再远看是城楼和白塔。

师：是啊，这一段实际上是分三个层次写的。首先，最近的是看到了树丛、瓦屋和宫墙；再继续往前面看昆明湖的湖面和游船；再继续往远看就隐隐约约看到城楼、白塔、是不是？

生：是！

师：思考一下，我们就用朗读的方法来表现你们知道了这样层次。

师：你们这一组读第一句，你们读看到的近景，你们读看到的稍远一点的景物，你们读看到的最远的地方景物，明白了吗？

生：明白。

师：好，要顺畅地连接起来，开始读。

生：登上万寿山，站在……

师：真好啊！这就告诉我们怎么样写好一个景点，怎样用一段话叙述好一个景点的游玩。

师：这就是——

板书：二学段落表达：总提分说，层次分明。

师：好，我们再来具体感受一下具体的表达。

教师通过具体的比较引导学生感悟课文采用形容词和比喻的方法把景物写生动的方法……

板书：三学语言运用：生动形容，准确比喻。

师：你们看，这节课咱们是读课文并且学写游记，学了三种方法。从全文构思来看，首尾呼应，游览的点要一个一个地细细来写。在写一个景点时要先总说一下，然后分层次描述。在描述过程中把简单的写得复杂一点，把枯燥的写得生动点，加上形容词，用上比喻，就把美好的景物展现在我们眼前。希望同学们运用这种方法写一篇游记。

三、着眼课文内容还是着眼教学价值？

在阅读教学中，理解课文的内涵、体会文章的思想情感是教学不可或缺的内容，但大部分教师对教学内容的把握往往停留在这里，而忽视了语文教学的重要和本质内容——在把握内容、感悟内涵、体会情感的过程中引导学生领会语言、结构表达上的特点、作用、效果，并迁移运用。当普通的文本被选入语文教材后，就自然生发了语文教学价值，这种价值就是事关学生语文能力发展的语文知识，也就是除了明白知识、道理以外，还要知道这个知识、道理是怎么写出来的。在教学中，着眼语文教学价值是实现语文教学有效实施的根本。因此，我们在教学中要反思：学生在课堂上是在学语文吗？教学是着眼于语文的本位目标吗？

《桥》是五（下）册的一篇精读课文，课文塑造了一位普通老共产党员的光辉形象，面对疯狂而来的洪水，他把生的希望让给了别人，把死的危险留给了自己，用自己的血肉之躯筑起了一座不朽的桥梁。像这样人文性极强的课文，我们很容易关注人物的形象而忽视语文的教学价值，教学中怎样做到语言和精神的同构共生？我们看一位老师教学时的一个片段：

1. 在这万分紧急的时刻，在这生死攸关的时候，老汉出现了。我们说：听其言，观其行，就能知其人。

老汉是怎么指挥村民过这窄窄的木桥的，请同学们默读课文第7~13自然段，画出描写老汉言行的句子，细细地体会，作好批注。

2. 学生读文批注。

3. 交流批注情况，请生上台展示批注情况，指导怎么进行有效批注，以第7自然段为例：

木桥前，没腿深的水里，站着他们的党支部书记，那个全村人都拥戴的老汉。

引导：哪个词具体写了老汉的行为？——站（在学生书上圈）老汉站在哪儿？（点"没腿深"）——从这里你读懂了什么？联系人们此时的行动——请学生答，点拨——屏幕出示范本批注（屏幕7~13自然段）

木桥前，没腿深的水里，站着他们的党支部书记，那个全村人都拥戴的老汉。

老汉清瘦的脸上淌着雨水。他不说话，盯着乱哄哄的人们。他像一座山。

人们停住脚，望着老汉。

老汉沙哑地喊话："桥窄！排成一队，不要挤！党员排在后边！"

有人喊了一声："党员也是人。"

老汉冷冷地说："可以退党，到我这儿报名。"

竟没人再喊。一百多人很快排成队，依次从老汉身边奔上木桥。

学生再次默读照样作好批注，提醒：同学们，把心放进去，走进老汉的内心，可以选取自己感受最深的一处。

4.再次交流

着重引导点：

老汉清瘦的脸上淌着雨水。他不说话，盯着乱哄哄的人们。他像一座山。

请生上台表达自己的读书收获→指导：老汉的这个举动触动了你的心→"盯"：此时老汉默不作声，"盯"看起来平静，其实他的内心却是——焦急万分→采访：如果你就是老汉，面对肆虐的洪水，面对惊慌失措的村民，你想些什么？担心些什么？→齐读

▲老汉沙哑地喊话："桥窄！排成一队，不要挤！党员排在后边！"

请生上台表达自己的读书收获—随机点拨：果断、把群众放在第一位、有智慧—我们走入老汉的内心一起来喊话：（师）老汉啊，你焦急啊！担心啊！你沙哑地喊话——"桥窄！排成一队，不要挤！党员排在后边！"老汉啊，你焦急啊！但镇定啊！你沙哑地喊话——"桥窄！排成一队，不要挤！党员排在后边！"老汉啊，你焦急啊！更果断啊！你沙哑地喊话——"桥窄！排成一队，不要挤！党员排在后边！"短短一行话，15个字，三个感叹号，传递的声音却像大山一样坚定，像大山一样铿锵有力！这就是短句表达的效果。

▲老汉冷冷地说："可以退党，到我这儿报名。"

请生表达自己的读书收获联系上下文：

冷冷的是老汉的话，不冷的是老汉

5.带着这样的体会，我们一起读7—13自然段（生：老汉，师：村民）。

这个教学片段，教师在教学中引导学生把握内容的同时，通过批注引领学生去领会语言表达上的特点和作用，让学生在感悟内容的同时感知了语言的表达形式，教学价值得到了充分的体现。

第二节 在对问题的深度思考中反思

苏霍姆林斯基说过：教育，首先是活生生的、寻根究底的、探究性的思考。自我反思追求的就是这样的品质，它力图回到问题的原点，顺藤摸瓜、寻根究底，而不是浮光掠影、浅尝辄止。对出现的教学现象进行深层次的思考，不满足于常规的、既定的结论。

一、用准确的目标导向来反思教学

如有位老师教学三年级课文《盘古开天地》，在课堂实施过程中，因为一直引领学生感悟盘古伟大的献身精神，凸显盘古的形象，教师与学生的对话始终在"献身精神"上打转，而把语言文字的品位，神话故事的语言特点忽视了，结果一节课热热闹闹地下来，学生收获的只是"感受盘古伟大的献身精神"，而把语文课最本质的东西丢弃了，这样的教学与品德课没多少区别。课后老师进行了反思，反思自己制定的三个教学目标：

1. 认识 10 个生字，会写 14 个生字，正确读写"宇宙、黑暗、上升、下降"等词语。

2. 正确、流利、有感情地朗读课文。能用自己的话复述课文。

3. 读懂课文，体会盘古伟大的献身精神。

对三年级的学生来说，第 3 条目标太高了，应还神话教学以本来面目，让学生感受神话中想象的神奇，激发学生阅读故事的兴趣，不能把道德目标作为一篇课文的终极目标，盘古的献身精神应在读故事、品语言中受到的熏陶。

树立准确的目标意识，是教学取得实效的关键。课程标准对小学 6 个年级分三个学段进行了目标的细化，在教学中，我们必须根据教学目标来开展教学，如果缺乏目标意识，教学就会陷入"脚踩西瓜皮，滑到哪里算哪里"的现状。对同一个能力的培养，在小学不同的年段，目标存在着递进性，我们必须清楚把握各个年段的不同要求。在具体确定教学内容时，必须根据本年段的教学目标，要想着上个年段的教学目标，以便逐渐落实本年段目标，还要朝着更高年段目标前进，这样才能较好地体现教学目标的阶段性和连续性。落实到具体一篇课文的教学，还要考虑本篇课文所处的单元位置，单元的教学目标，分析学生的认知特点和语文学习起点，来确定本篇课文的教学目标。在教学的实施过程中，应不断反思目标的达成度。用准确的目标导向来反思教学，能回到问题的原点，对教学进行深入的思考。

二、以适切的教学内容来反思教学

二年级上《我要的是葫芦》第2自然段（有一天，他看见叶子上爬着一些蚜虫，心里想，有几个虫子怕什么！他盯着小葫芦自言自语地说："我的小葫芦，快长啊，快长啊！长得赛过大南瓜才好呢！"）可以探究的内容很多，从词语的角度讲，有"自言自语""盯""才"等；从句子的学习看，有反问句"有几个虫子怕什么？"、感叹句"长得赛过大南瓜才好呢！"等；从段落的内容上，写了种葫芦人是怎么想的，怎么说的等。怎么取舍教学的内容，让学生学习的内容呈现"打桩机"而不是"推土机"，我们在教学中就要反思教学内容的适切性，如果扣住本段中的"盯"这个词来进行教学内容的展开和实施，可以使教学呈现层层深入的态势：

1. 仔细观察课文插图，说说种葫芦人是怎么样地看小葫芦的？（认真、仔细地看，瞪大眼睛看，目不转睛地看）

2. 课文中有一个词就是写这样的看——"盯"。

教学"盯"，目字旁，意思与眼睛有关。

3. 从这个"盯"字，我们可以看出他对小葫芦怎么样？（喜欢、喜爱）

　　所以，当看到叶子上的蚜虫时，他怎么想，怎么说？读段落，画出种葫芦人想的句子和说的句子。

　　交流画的相关句子，随机体会反问句的表达效果，进一步感受"盯"的意思。

　　4.是呀，他不管虫子，不管叶子，他只要葫芦，所以，他的眼睛只盯着葫芦。

　　5.演读种葫芦人盯着葫芦自言自语说的话。

　　(1) 种葫芦人盯着葫芦怎么说？

　　(2) 创设情境，角色体验：现在你就是那个种葫芦的人，你盯着葫芦，自言自语地说一说。(请多个学生读，从读中感受"盯"字传递的意义：只要葫芦，不在乎叶子、虫子。)

　　6.师生合作读好这一段。

　　7.种葫芦人"盯"着葫芦，不管叶子上的虫子行吗？

　　联系第1自然段中讲的葫芦生长的过程明白只"盯"着葫芦的错误思想，为后文寓意的理解作好铺垫。

　　像上例那样，低年级的阅读教学，由于文本不长，内涵相对不深，老师经常采用逐段甚至逐句讲解的方法。而在具体讲解的过程中，又以提问的方式串起一段话的教学，使课堂留于师生频繁的对话之中。课文教学面面俱到而又支离破碎，削弱了段落和篇章的整体性，又在看似热闹的互动中使学生的思维缺少了深刻性，纠缠于一问一答式的教学降低了学文的难度，严重影响了学生对语言的感悟能力。因此，在低年级的阅读教学中，有了明确的教学目标，我们就要确定相对集中的事关学生语文学习能力的教学内容开展教学，抓住重点的词句以点带面地教学，通过重锤敲打关键词句让学生品读感受，加强问题的深度与广度，训练学生的有效思维。同样在中高年级的阅读教学中，逐段讲读、面面俱到的分析、频繁的师生对话还在一定程度上大量存在，在教学中，我们需要不断地反思：我这样教学有效吗？我应该怎样来确定本篇课文（本单元课文）的教学内容，教学内容的选择和确定的依据是什么？只有这样，才能提高教学的有效性，避免阅读教学"费时多、收效少"的现状。

三、用合理的教学方法来反思教学

三年级《花钟》是一篇语言抒情优美的科普散文，学习这样的文章，怎样让学生感受、欣赏、积累、运用语言？我们以第1自然段的教例来反思。

（课文片段：鲜花朵朵，争奇斗艳，芬芳迷人。要是我们留心观察，就会发现，一天之内，不同的花开放的时间是不同的。凌晨四点，牵牛花吹起了小喇叭；五点左右，蔷薇花绽开了笑脸；七点，睡莲从梦中醒来；中午十二点，午时花开花了；万寿菊欣然怒放；傍晚六点，烟花草在暮色中苏醒；月光花在七点左右舒展开自己的花瓣；夜来香在晚上八点左右开花；昙花却在九点左右含笑一现……）

1. 谈话：大家见过花儿开放吗？不同的花开放的时间一样吗？（生答）

2. 请大家读读课文第1自然段，边读边想：课文写了哪几种花？它们开放的时间是怎样的？（生读文思考）

3. 交流思考结果。

生答，教师板书：牵牛花、蔷薇、睡莲、午时花、万寿菊、烟草花、月光花、夜来香、昙花。

4. 不同的花有不同的开放方式，请大家再读课文，看看作者是怎样写每种花开的情景的？把文中描写花开的词语划出来。

5. 学生回答，教师在花名旁随机板书：

吹起了小喇叭、绽开了笑脸、梦中醒来、开花了、欣然怒放、

苏醒、舒展开花瓣、开花、含笑一现。结合理解：欣然怒放、含笑一现。

6. 师指导小结：作者写了那么多的花，却没有用重复的词语，这跟他

细心观察是分不开的。他还特别讲究句子的表达方式，我们想想，如果都用"什么花开放了"来写花开，文章还美吗？所以我们写作文的时候，要像作者那样，同样的意思要用不同的词语和句子来表达，避免重复，这样你的文章就会越写越好。我们再一起读这段话来体会一下。

7. 学生齐读这一段。

这个教例中，教师虽然让学生通过读文去感知，然后交流感悟，但教学环节的展开依然以教师的主观意志进行，教学方法基本用提问的方式，然后通过自己的总结告诉学生应该那样做。学生没有经历自主探究的过程，更谈不上有什么体验，只是按照老师的既定轨迹去学去做，答案是老师给予的。教学方法简单，传递给我们的信息：教学是告诉。因此，整个教学过程显得机械、呆板，学生在学习过程中得不到情感的陶冶、审美的愉悦，教学效果不理想。

在教学中，当确定了教学目标，并有了教学内容后，就必须选择富有成效的教学方法，否则，教学任务就难以完成。每一节课都有具体的教学目标，目标不同，教学内容各异，就需要选择不同的教学方法。学生是课堂教学的主体，教学方法一定要适应学生的认知特点和学习起点，对于学生缺乏感性认识的内容，就要尽量采用直观的教学方法，对于学生缺少理性认识的内容，就要尽量采用点拨诱导的方法。如上例中，采用让学生借助表格来阅读的教学方法，在表格中能理解文章表达上的特点，这样把内容的理解和语言形式的感悟融合于一体，省时又高效，而且能大大增加学生在课堂上的参与度。如让学生感悟作者描写花开放的表达特点、体会用词的丰富性和句式表达的多样，我们可以用改写的方法引导学生对比体会，把文中的语段与改后的语段（凌晨四点，牵牛花开了；五点左右，蔷薇开了；七点，睡莲开了；中午十二点左右，午时花开花；下午三点，万寿菊开了；傍晚六点，烟草花开了；七点左右，月光花开了；晚上八点，夜来香开了；九点左右，昙花开了。）进行对比朗读，感受就会更直接、更深刻，体会也就更深。通过反思教学方法的合理性，能不断改进教学的有效实施，不断优化教学的过程。

第三节　在与他人的比较中反思

每个人都有自己独特的文化背景、教学经验和思维方式，比照别人的教学，反思自己的教学，研习名师的教学，从不同的视角，发现并澄清自己的问题和优势，能在不断的思辨中提高自己对教学的感悟。

一、在同课异构中进行反思

同课异构实施的是同一教学内容，所以更有可比性。在教学反思的过程中大家有着共同的话题，对问题的探讨也更加深入。通过同课异构活动，可以相互学习不同的教学理念和教学风格，对比不同的教学方法产生的教学效果，对自己的教学进行深入的反思。

例如两位老师对四年级《鸟的天堂》一课进行了同课异构，在提领教学两个重点语段（榕树正在茂盛时期，好像把它的全部生命力展示给我们看。那么多的绿叶，一簇堆在另一簇上面，不留一点儿缝隙。那翠绿的颜色，明亮地照耀着我们的眼睛，似乎每一片绿叶上都有一个新的生命在颤动。这美丽的南国的树！

起初周围是静寂的。后来忽然起了一声鸟叫。我们把手一拍，便看见一只大鸟飞了起来。接着又看见第二只，第三只。我们继续拍掌，树上就变得热闹了，到处是鸟声，到处是鸟影。大的，小的，花的，黑的，有的站在树上，有的飞起来，有的在扑翅膀。）时，分别采取了不同的教学方法：

教法一：

•师：文中的大榕树可以用两个词来概括，能从课文中找出来吗？

- （生快速找答"茂盛"和"生命力"）

- 师：大橡树的茂盛从什么地方可以看出？

- （学生找出课文的语句作答，教师指导学生朗读感悟体会）

- 师：大榕树的生命力从哪里可以看出来？

- （学生找出课文的语句作答，教师指导学生朗读感悟体会）

- 师：这真是一棵茂盛而又强大生命力的大榕树啊！那么栖息这树上的鸟儿又有什么特点呢？

- （生快速找答：鸟儿欢快、很多）

- 师：从哪些语句可以看出？

- （学生找出课文的语句作答，教师指导学生朗读感悟体会）

教法二：

- 活动一：请同桌相互朗读段落欣赏评价。学生读的是文中描写大榕树和鸟的部分。

- 活动二：教师让学生在树和鸟之间选择一种，坐位置。在黑板上板书表现自己特点的词语，并相互介绍自己。

- 活动三：游客来南国是为了看树还是看鸟？引发两方的激烈争辩。

- 活动四：互换角色，教师引导学生思考文中树和鸟是什么关系？让学生明白树和鸟是一个整体。

- 活动五：如果你是文中那只小画眉，你想唱些什么呢？

　　两位老师在深入解读文本、研究学生的基础上，各自实施了不同的教学方法，第一位老师采用的是朗读感悟法，通过教师的引导，让学生抓住重点的词句进行朗读感悟，学生通过朗读感受了大榕树的美和鸟儿的多，而第二位老师则采用活动的方法，根据文本设计了5个有针对性的语言实践活动，在活动中扩大了学生的参与面，增加了学生语文学习的兴趣。通过同课异构，反思各自教学的理念和教学方法，就会在比较中澄清教学中的许多问题，比如第二位老师的教学理念值得我们好好地学习，在教学中，立足学生的基础，根据教材的特点，设计学生感兴趣的活动，让更多的学生参与其中，通过语言实践活动来提高课堂效率，学生不但学得有趣，更学得有效。这是对第一位老师教学理念的冲击，也会给第一位老师乃至全体参与活动的老师带来语文教学的"头脑风暴"，会联系自己的教学来反思，意义是深远的。

二、在案例研究中进行反思

剖析自己的教学案例，或研究别人的教学案例，从教学案例中来反思教学理念或教学思想，评判教学目标的准确度，研究教学方法的科学性，探究教学策略的有效性，找到教和学的契合点，能不断提高自己对教学的理性分析。

《我要的是葫芦》是二年级的一篇课文，在教学课文第1自然段（从前，有个人种了一棵葫芦。细长的葫芦藤上长满了绿叶，开出了几朵雪白的小花。花谢以后，藤上挂了几个小葫芦。多么可爱的小葫芦哇！那个人每天都要去看几次。）时，两位老师分别实施了以下教学过程：

教例一：

师：小朋友，请你读一读课文第1自然段，想想小葫芦长得怎么样？你是从哪里看出来的？

生：小葫芦长得很可爱。我是从"多么可爱的小葫芦哇！"这句话知道的。

生：我从"多么可爱的小葫芦哇！"这句中的"多么""哇"看出小葫芦很可爱。

生：我从"那个人每天都要去看几次"看出来的，因为小葫芦很可爱，所以那个人每天要去看几次。

师：小朋友真会读书！还有吗？

生：我从"细长的葫芦藤上长满了绿叶，开出了几朵雪白的小花"看出小葫芦长得非常好。

生：我从"细长的葫芦藤上长满了绿叶，开出了几朵雪白的小花"看出小葫芦长得时候非常美，小葫芦是小花变成的，小葫芦一定长得很好。

师：小朋友都读出了小葫芦长得好，长得可爱。现在，我们来美美地读一读，把小葫芦的可爱用你的朗读表现出来！

学生练读这一自然段，指名读，评议，集体读，读出小葫芦的可爱。

教例二：

师：小朋友，请你读一读课文第1自然段，想想小葫芦是怎么生长的？学生自由读课文，思考。

师：现在老师请同桌两个小朋友合作完成一个任务，拿出信封内的小卡片，然后一边读课文一边合作着给小卡片排排顺序。

学生读课文对照课文给四张小卡片"细长的葫芦藤""碧绿的葫芦叶""雪白的小花""可爱的小葫芦"排顺序。

交流小卡片的排序结果。

师：为什么要这样排呢？……你能通过读这段话中的有关句子告诉大家吗？

同桌合作汇报朗读：细长的葫芦藤上长满了绿叶，开出了几朵雪白的小花。花谢以后，藤上挂了几个小葫芦。多么可爱的小葫芦哇！

教师对着四条短语引导学生说清小葫芦的生长过程，小结：课文就是这样一句接着一句把葫芦的生长过程写得清清楚楚，我们读起来觉得明明白白。

师：小葫芦长得这么好，我们边想象小葫芦生长的样子来读第2~4句话。

学生练读，教师引导想象读文，随机引导体会"挂""哇"等词的好处。

合作读第1自然段。

通过对两个教学案例的研究和比较，我们对两位老师的教学方法进行反思：教例一与教例二是两种不同的教学方式，教例一中，教师通过"想想小葫芦长得怎么样？你是从哪里看出来的？"问题来统领整段话的教学，看上去虽用了一个问题，但学生感悟比较散，使整个教学过程出现对词句的感悟面面俱到又"蜻蜓点水"。而教例二优于教例一的最大之处是教师在引导学生学习这段话时建立了一个整体，让学生通过对照课文排小卡片的活动方式来体会段落有序表达的特点，了解连句成段的方法，在段落的整体语境中想象朗读，在整体中感受小葫芦的生长过程，从而为后面种葫芦人"我要的是葫芦"这种错误思想的理解做了有机的铺垫。

由此延伸开去，我们对在低年级的阅读教学进行反思：在课文教学中，教师往往重视重点词语和重点句子的感悟和教学，在引导的过程中经常会出现"东一榔头，西一棒槌"的现象，孤立地抽出一些词句做过细的分析，忽视了句子与句子之间的承接和联系，忽视了自然段的组句特点，使学生缺少了对相对独立的一个段落整体的把握和理解，不利于阅读能力的形成和提高。加强连句成段的教学，是低年级阅读教学不可忽视的教学内容，也是实现学生在写话中进行连贯有序表达迁移的基础，更能为中年级段落、句群的教学进行平稳的过渡，有效的衔接。

三、在研习名师的教学中进行反思

名师的经验、特色和教学艺术，都凝聚着智慧、折射着精华。每一堂课，都透视着名师对语文教学理念的诠释，对教学行为变革的追求，对学生发展的高度关注。我们研习名师的课堂，并不是要把他们的课搬到自己的课堂上来，而是研究名师的教学理念、教学方法对提高教学效度的作用，反思他们的教学，比照自己的课堂，促进自己的专业成长。

如有位老师在学习王崧舟老师执教的《圆明园的毁灭》一课后进行了深入的分析和反思：

师：快速读中间部分，你对咱们的圆明园又知道些什么呢？

生：我知道圆明园本来是一个金碧辉煌的园林。

师：你找到了金碧辉煌，还有没有别的词来形容圆明园吗？

生：举世闻名。

生：万园之园。

师：全世界都知道在中国有一个万世之园——圆明园。再找一找，圆明园凭什么成为万园之园呢？

生：凭宏伟的建筑。

生：还凭奇珍异宝。

师：找到写宏伟建筑的那一段话，边读边看边找，这一段写圆明园的建筑景观一共写了几个"有"？

生：7个有。

师：写圆内景观，作者写了7个有，你体会到了什么？

生：景物多，价值连城。

生：全国各地有特点的景物都集中在这里了，这儿好似个聚宝盆。

师：王老师要问，要写尽圆明园的全部建筑和景观，还要用上多少个有？依据在哪里？

生：无数个。

生：我从文中的省略号体会到圆内景物数之不尽。

生：从"不仅……还有……"体会到多。

生：我从各地名胜这里体会到无数。

生：还有一个"等"字。

师：一方小小的天地，容纳了世界上所有的美景，这就是圆明园，这就是万园之园的圆明园。

师：（出示）漫步园内，宛如漫游在天南海北，饱览中外风景名胜；流连其间，仿佛置身在幻想的境界里。

师：谁愿意来读一读，把大家带到圆明园里去，（学生读）在这样的圆明园里漫步，你还想出来吗？我估计也不会有人想出来了，因为它的确太迷人了。请你带着这样的感觉再读一读。

师：听着他的朗读，你仿佛看到了什么？

生：里面的奇珍异宝。

生：我仿佛看到了世界。祖国太伟大了！

师：（出示连续图片）请你带着这种感觉读一读，再让我们一起走进这一座万园之园。（生读）陶醉了吗？好，让我们一起来读这一段话。

师：同学们，但你们读到、看到的一切早已不复存在，早已化为灰烬、烟消云散了。请你再自由快速地默读课文，想一想：对咱们的圆明园你还想知道些什么？

生：谁设计的？这么大的一个圆明园要造多少年呀？

生：英法联军为什么要如此破坏？怎么没有一点同情心呢？

师：什么是强盗？强盗来了，会有同情心吗？

生：老师，强盗来了，我们的政府在干什么？我们的军队在干什么？都到哪里去了呢？

师：我搜集了一份资料——《圆明园之最》，读了以后，你能明白一部分心中的疑惑，我相信你也一定会被它深深地震撼。

师：读完这则短短的材料，你的心震撼了吗？你震撼了吗？是什么让你震撼？

生：我被圆明园的大震撼了。640个足球场，这是多么巨大的园林呀！

生：园内藏着不计其数的珍宝，每一样都价值连城。我被这个震撼了。

……

王老师以"圆明园凭什么成为万园之园？"这个覆盖面广，穿透力强，思维容量大的生成性问题引导学生自读感悟。当学生从面上罗列了几方面原因以后，继而从点上引导深入：要写尽圆明园的全部建筑和景观，还要用上多少个"有"？依据在哪里？引领学生潜心会文，在与文本的对话中生成有价值的知识、思维和情感。进而王老师又匠心独运，以"漫步园内，宛如……仿佛置身在幻想的境界里"为信息焦点，通过情景朗读、体验品味引发联想："听着他的朗读，你仿佛看到了什么？"如此生发，不仅是对上文7个"有"所描述内容的融合，更是对下文教学的引领："但同学们，你们读到、看到的一切早已不复存在，早已化为灰烬、烟消云散了。请你再自由快速地默读课文，想一想：对咱们的圆明园你还想知道些什么？"王老师这一质疑，断然把学生的思维引向更深广的领地，个性化疑惑由此生成，随之而伴的是新一轮自读感悟的语文实践。这样的课堂，在学生自读感悟的基础上，王老师有的放矢、开放引导，不仅让学生对文本的理解更深入，使自身的语言更发展，更是在不断深入的过程中愉悦思维的快乐，酣畅情感的宣泄，享受着生命激荡的快乐。

　　这个学习的过程是思维激荡的过程，是对教学理念和方法领悟的过程，是教学理解逐步深入的过程，在研习名师的课堂中进行反思，能促进思考的有效深入，能提高对教学深层次的认识，能对教学理念的领悟更具形象化。

第七章　语文课堂学习共同体建构

语文课堂教学中的主体有四个，其中两个主体是显性的：语文教师是施教主体，学生是学习主体；两个主体是隐性的：教材文本的作者是创作主体，教材编者是编辑主体。这四者围绕教学目标协调统一，构成语文课堂学习共同体。要使语文教学真正收到实效，必须加强课堂学习共同体建设，同时坚持和发挥四个主体性，即文本作者的创作主体性，语文老师的施教主体性，学生的学习主体性和教材编者的编辑主体性。

第一节　语文课堂学习共同体的构成

一、语文课堂教学中的主体

谁是教学的主体？这是教学论领域长期争论不休的一个基本问题。过去语文教学论研究有两种倾向，一是只关注教师与学生这两个显性的主体，并且为教学过程中的"主体"还是"主导"、"单主体"还是"双主体"大打"口水仗"，而对两个隐性的主体关注不够，缺乏系统性；二是只重视研究独立的、单一的主体，而缺乏对主体间相互联系和相互作用的研究，缺乏动态性，致使语文教学常常顾此失彼，或以一种倾向掩盖另一种倾向。王富仁老师曾在《语文学习》上发表《在语文教学中必须同时坚持三个主体性》一文，他认为语文课堂教学中的主体有三个：文本的作者是创作主体，语文教师是施教主体，学生是学习主体。我认为，还应该增加一个主体，即教材编者是编辑主体。这四个主体围绕教学目标的协调统一，可以构成语文课堂学习共同体。要使语文教学真正收到实效，必须加强课堂的学习共同体建设，同时坚持和发挥四个主体性，即文本作者的创作主体性，语文老师的施教主体性、学生的学习主体性和教材编者的编辑主体性。过去语文教学之所以走过那么多的曲折道路，除了历史的因素以外，大多与我们缺乏学习共同体意识，没有正确认识这四个主体及其相互作用，以及不能同时发挥这四个主体性有关。

　　我曾给语文课下过一个通俗的定义：语文课是学生在教师的指导下凭借教材学习正确理解和运用祖国的语言文字，并从中获得认识的提高，思想的熏陶和情意的感染，同时学以致用，通过读、写、听、说的言语实践活动，不断发展语文能力，提高文化素养。这一表述清楚地表明：从教学目标看，要培养学生正确理解和熟练运用祖国的语言文字的能力，提高学生的文化素养，能力与文化兼备；从师生定位及相互关系看，学生是学习主体，教师是施教主体，两者关系为学生是教师指导下的学习主体；从教学内容看，师生凭借经编者加工的教材，教与学的是文质兼美的课文，依据的是文本作者的语言；从实现目标的途径看，必须通过读、写、听、说的言语实践，强调学以致用；从人文教育的学科特点看，思想情感教育是通过语言进行的，要注重熏陶感染，潜移默化，而不是一味灌输和宣讲。语文课的这一定位实际上也是对语文课堂学习共同体的最好注脚。只有同时坚持这四者的主体性，充分发挥协同作用，形成合力，才能更好地实现语文课程的育人目标。

二、发挥语文课堂学习共同体功能的必要条件

　　教师、学生、文本作者和教材编者这四者是构成语文课堂学习共同体

的基本要素，但如果它们只是单独地孤立存在，那只是"堆集"，缺乏有机系，不可能发挥共同体的整体功能。要发挥共同体步调一致的功能，它们必须在正确的教学目标指引下进行协调统一，形成合力，所以教学目标是构成语文课堂学习共同体运行的必要条件。换句话说，正确的教学目标应是这四者相互作用的产物。这四者的协同作用越强，形成的教学目标越符合实际，就越能发挥以下功能：

1. 定向功能

语文课堂教学中四个主体要形成合力，必须具有明确的方向性，而正确、清晰的教学目标具有定向功能，能保证教学沿着正确的方向前进。因此毫无疑问，教学目标是教学过程中一个重要的结构要素。但是人们常常把教学目标排斥于教学过程的要素之外，尤其是一些人奉行所谓的"后现代主义"，只要生成，而不分青红皂白，这是十分错误的。试问没有活动的目的，何来活动的过程？不把教学目标作为教学过程的结构要素，这岂非等于说教学过程是一种无目的的活动？因此，它首先有悖于教学是有目的、有计划、有组织的活动这一基本属性。

传统的语文教学观念认为，教学目标是在教师"吃透两头"（即教材和学生）的基础上制定的，已充分考虑了学生"学"的因素，再把它交给学生似乎没有必要。所以，传统的课堂教学只有教师制定和掌握教学目标，而不把它交给学生。由于教师总是有意无意地对学生实行目标"保密"，加上教学目标又是在上课之前就已确定了的，这样，定向这一步骤在传统语文课堂教学中就看不见。当学生对教学目标一无所知时，他们的学习只能盲目地跟着教师的"指挥棒"转，除了被教师"牵"着走之外，自己别无其他选择。即使教师制定的教学目标完全正确，也无法从根本上改变学生被动的学习状态；如若教师制定的目标不当，那学生的学习更是陷入"盲人骑瞎马"的可怕境地。

2. 激励功能

心理学已经证明，动机是人的活动的推动者，它体现着所需要的客观事物对人的活动的激励作用，把人的活动引向一定的满足他所需要的具体目标。而动机往往同目的是一致的：就对活动的推动作用来说，是动机；就对活动要达到的预期结果而言，又是目的。动机有外部动机与内部动机之分。外部动机是重要的，但较之外部动机而言，具有学习内驱力作用的内部动机更重要。由此可见，激发学生学习动机最有效的手段就是让他们有明晰的教学目标做引导。学生越是牢固地掌握教学目标，就越能激起强烈的学习动机来推动和促进他们的学习活动。

3. 反馈功能

教学目标是一种给定信息，教学结果则是一种输出信息，但教学过程不是一个线性的因果链条，因此一次性地通过教学手段一般不能直接得到与目标完全一致的结果。这就需要反馈，即利用输出信息与给定信息的差异来调节和控制教学实施，使教学做合乎目的的运动。反馈是使教学过程走向有序和保持结构稳定性的必要条件。没有它，教学过程各阶段之间就衔接不起来，就构不成相对稳定的独立段落。成功的教学过程总是通过反馈逐步实现教学结果与教学目标的统一。由此可见，明确、具体的教学目标会使教学反馈真切、迅速、有效，而空洞、抽象的教学目标往往无法使学生实现清晰的、能动的、有效的反馈。这正如初学打篮球的人投篮不中，往往需要从身体姿态上多次地做某种矫正动作。球已脱手，这种徒手矫正似乎毫无意义，然而从屡投不中到频频命中，正是靠这种表面上毫无意义的矫正动作学会的。这就是有明确目标引导的自我反馈。不把具体的教学目标交给学生，使他们对眼前的学习既无法评价又无从调控，实际上取消了他们的自我反馈，以至造成他们明明不满于自己的学习现状也无力加以改进的局面。而且，教师也可通过获得教学效果的反馈，及时调整和改善自己的教学行为。

特别需要强调的是，语文（口头语言和书面语言）是工具，语文教学的根本宗旨就是培养学生正确地理解和运用祖国的语言文字，也即正确地掌握和运用语文工具。它决定了学生要掌握语文工具，获得读写听说的能力主要靠"练"，而练绝非一蹴而就，必须进行多次反复。只有当学生能够"正确地理解和运用"祖国的语言文字，思想教育、人文熏陶等才能真正落到实处。所以让学生掌握教学目标，进行有明确目标引导的自我反馈尤显必要。

4. 强化功能

学习是艰巨的劳动，并非每堂课都充满趣味和欢乐。在许多场合，学习是不能吸引人的，甚至是枯燥乏味的，这就要求学生有顽强的毅力，需要有作为注意力表现出来的有目的的意志。而且，当教学的内容及其方式方法越是不能吸引人时，学生就越不能把学习当作智力的活动来享受，也就越需要这种意志。对于缺乏具体教学目标的学生来说，他在教学过程中无法真正做到通过注意力来表现自己的学习意志，这不能不说是传统语文教学的一个致命弱点。相反，正确的、具体的、符合学生学习心理发展规律的教学目标，可以强化学生的意志，磨炼他们顽强的学习毅力。

当然，教学目标不能过高或过低，并且要有具体的规定，究竟解决哪些问题，解决到什么程度，必须尽量明确。因为学生如觉得教学目标与眼前的学习活动没有联系，这就失去了实际意义。只有通过学生努力能达到的教学目标才是最好的目标。同样，也只有让学生把自己当前的学习活动放到实现教学目标的过程中来评价，教学目标才能成为对学习动机的一种激励，促使他们真正地形成有效的自我反馈。大家熟知的维果茨基"最近发展区"的观点，为语文教学制定"跳一跳，可以摘到果子"的教学目标提供了科学的学理依据。

总之，把教学目标交给学生，开辟了一条能激发学生学习动机、调节行为标准和强化学习意志的新途径。

第二节　课堂学习共同体的主体性发挥

为充分发挥语文课堂学习共同体的整体功能，明确其构成要素——教师、学生、文本作者、教材编者在语文教学中各自的主体性十分重要。

王富仁老师曾经精辟地分析过文本作者、教师和学生这三者的主体性。什么是文本作者的创作主体性？那就是作者有自由表达思想感情的权利。他是为了在自己的语境中向自己所实际面对的对象或自己假想的读者表达自己真实的思想感情而创作的。他对于自己的作品是有主体性的。

尊重文本作者的创作主体性，对于语文教师而言，就是要求教师不能脱离开文本本身仅仅向学生灌输自己的思想和感情以及自己希望学生具有的思想和感情。我们教学中以前常有的微言大义、望文生义等种种弊端，都与不尊重文本、不尊重文本作者的创作主体性有关。尊重文本作者的创作主体性，对于学生而言就是要把自己首先设定在"倾听者"的地位上而不是"评判者"的地位上，努力感受和理解文本作者所要表达的思想感情并在这种感受和理解的基础上发现文本本身的美，进而从审美感受中感到趣味。学生首先要学会"倾听"，然后才能学会独立思考和独立评判。在这里，尊重文本作者的创作主体性是我们能够主动感受和理解课文的基本前提，也是正确发挥教师的施教主体性和学生的学习主体性的唯一途径。

什么是语文教师的教学主体性？那就是语文教师有根据自己对文本独立的感受、体验和理解读文本和独立地组织语文教学的权利。

在教学过程中，一个教师只有以自己真实的感受和认识解读文本，才能起到将这个文本的文字激活，使之成为一个活的语言肌体的作用。尊重语文教师施教的主体性，首先要尊重语文教师在课堂上以自己真实的独立的感受和体验分析和讲解文本的权利。

什么是学生学习的主体性？那就是在学习过程中，具有主体地位的始终是学生。它包含着两个层次的含义：一是全部的语文教学活动，都必须落实到学生的"学"上，都是为了尽快提高学生的人文素养和语文素质。二是在整个语文教学活动中，学生都是一个积极主动的参与者，而不是一个被动的服从者。没有学生主体的参与，没有学生对文本丰富的感受和理解，文本的文字就仍然是一堆死的文字，它们也不会转化为学生的语言和学生的语文素质。

同样，在教材编辑过程中编者主体性的发挥，除了要尊重和了解共同体其他成员主体性以外，我认为还可以从以下几个角度认识：作为编辑的主体，第一，他要贯彻党的教育方针，落实语文课程标准要求，坚持正确的价值取向。第二，无论是教学内容的选择还是组织，都要符合工具性与人文性相统一的语文课程特点，注重语文学习的实践性。第三，要遵循学生发展的规律，贴近学生的思想、学习和生活实际，符合学生的认知特点，满足他们的成长需要；要体现语文学习的阶段性和连续性，促进每个学生主动地、生动活泼地发展。第四，选文要坚守中华文化立场，富有文化底蕴，具有典范性与时代性，易教利学。第五，语文教材是系统工程，要系统设计，提升整体功能等。教材是整个教学系统的软件。软件不好，再好的硬件也都无法发挥优势。

语文教材作为课程内容的主要载体，尤其是它的"文选型"特点，决定了选文系统是语文教材的主体。教材编者要根据语文课程综合性的特点，除了对课程结构、单元设计、文体特点等进行统筹考虑、整体规划以外，还要合理确定辅助系统与选文系统的协调配合，整体提升育人功能。以课文后面安排的练习系统为例，如果编者设计得不好，那会直接损害课堂学习共同体功能的发挥。如某套小学教材在课文《坐井观天》后面提供的一个练习是：青蛙与小鸟谁说得对？这一问题的设计就不利于学生的阅读理解。因为学习这篇课文，并不是要让学生明确并记住谁对谁错（不学也知道，生活已告诉你）。它的要点是围绕天有多大的争论，青蛙与小鸟为什么固执己见，毫不相让。这是由它们各自的生活环境决定的。不抓住"井底"和"天上"这一根本的认知冲突，学生是不可能真正理解青蛙与小鸟争论原因的。再如《社戏》中的一个练习，戏是令人昏昏欲睡的戏，蚕豆也是普通的豆，为什么文章结尾却写道："真的，一直到现在，我实在再没有吃到那夜似的好豆——也不再看到那夜似的好戏了。"它的设计同样不是完全基于文本，这样就不利于学生的认知发展。社戏好看不好看？课文中的叙述，既有写孩子们"好看"，即喜欢的一面；也有写孩子们"不好看"，即讨厌的一面。这一点，不仅学生阅读时都能在课文中找得到，而且也感同身受（如爱看武戏，不喜欢文戏等）。很显然，教材编者下的"令人昏昏欲睡的戏"这个判断就过于简单化了，不符合课文原意，也不利于学生深入思考。同样，六一公公精心挑选的送给少奶奶的蚕豆，肯定要比孩子们在看戏归途的深更半夜中摸黑胡乱采摘的蚕豆好。豆既然客观上有好差之别，按理说"好豆"吃起来口感好，"差豆"就不好吃，但为什么"我"的体验和感觉却是"再没有吃到那夜似的好豆"（即那夜偷吃的，而且是事实上的"差"豆最好吃呢）？这一原因正是需要学生深入探究，仔细品味的。而"蚕豆也是普通的豆"这个判断，恰恰把"好豆""差豆"这两类豆之间的反差"抹平"掉了，这就有损于学生探究的兴趣，不利于学生思维的展开。所以看似一个小小的练习，实际上与迅哥儿在迥异于鲁镇的平桥村生活的丰富多彩，平生第一次奇妙的赵庄看戏经历，小伙伴之间的纯真友谊等紧密相连。编者如果不是基于文本，基于学生认知特点进行精心设计，势必影响到学生对课文的正确理解和深刻把握。课堂学习共同体功能的重要由此可见一斑。

第三节　协同作用与学习共同体建设

按照系统论的观点，客观世界中，一切现实对象都是由内容丰富的各组成部分（要素）通过各种各样的方式集合在一起（结构）所组成的具有特定功能的有机整体（系统）。这就是说，要素通过结构，组成了统一的系统整体，使之产生新质，具有了新的特性。因此要素是系统的物质基础，而结构又是系统功能的内在根据。对于要素—结构—功能这三个环节的认识与把握是系统研究的一项基本内容。

阅读教学系统是一个复杂系统。如前所述，从空间看，存在四个要素

（主体）：学生是学习的主体，教师是施教的主体，文本作者是创作的主体，教材编者是编辑的主体。其中，要素之间两两发生联系，可以形成多个双边结构。这些要素的相互作用，可以形成复杂的多边关系。结构有合理与不合理之分，要素之间的结构愈合理，系统的组织化、有序化程度就愈高，从而标志着系统内部愈协调，系统在整体上愈是优化。这正如俗语所说，"三个臭皮匠，顶个诸葛亮"。反之，"三个和尚没水喝"，指的正是系统内部形成了彼此冲突的结构，它导致系统的崩溃、解体。因此，所谓教学的相互作用，就是要求各要素相互协调，形成协同作用。只有四要素彼此之间充分协调合作，达到系统的整体协同，才能形成最优化的结构。理想的阅读教学追求的正是这四个主体的整体协同，而非仅仅同时坚持四个主体性。那阅读教学中的四个主体朝哪个方向做整体协同呢？我主张根据教学目标，首先要确定和指向教学的基本问题。换句话说，教学基本问题是形成阅读教学系统协同的基础。离开了基本问题，四个主体的协同就会出现障碍。基本问题是为教学定向的问题。对整篇课文的教学而言，基本问题具有方向性或者说引导性，能为学生思维的展开指明方向。若把课堂教学比作一棵树，那基本问题就属于树根部分的问题。只有聚焦基本问题，从基本问题出发，才能正确演绎、推导出树干、树枝、树叶等一系列不同层次的问题，并通过寻求对这些问题的解决，最终实现对基本问题的突破。否则会适得其反。

不仅如此，从矛盾论的角度看，矛盾总是系统的矛盾，不相对于某个系统的矛盾原则上是不存在的。阅读教学中教师、学生、文本作者、教材编者之所以需要协同，就在于教学中存在着各种各样的矛盾。有教师与教材的矛盾；有教师与学生的矛盾；有学生与教材的矛盾，包括学生群体与个体对教材不同理解的矛盾；有师生与教材编者之间的矛盾（如师生对教材的设计意图不理解或教材编写脱离了师生实际）；等等。这些矛盾相互交织，构成了阅读教学复杂的矛盾系统。矛盾愈错综复杂，就越需要复杂的整体协同，而不仅仅是部分协同。

协同作用并不排除抓主要矛盾，各要素在系统整体中的地位和作用并非彼此相同，只有集中力量抓解决主要矛盾的措施，加速这一矛盾的转化，才能以此带动整个系统向有序方向发展。当前，对于课堂教学中的主要矛盾的说法多种多样。最典型的有三种：第一，认为是学生的认知能力和教材之间的矛盾；第二，认为是教师的教与学生的学之间的矛盾；第三，认为是教师的教学能力与教学任务之间的矛盾。实际上，这三种矛盾都不是课堂教学的主要矛盾。

第一，众所周知，主要矛盾的存在和发展，规定和影响其他矛盾的形成与发展，学生的认知能力和教材之间确实存在很大的矛盾，但为什么要让学生去学教材呢？原来是学生还没有达到培养目标所规定的要求。就阅读教学来说，就在于学生还未具备独立的阅读能力和理解能力，没有养成良好的阅读习惯。由此可见，学生与教材的矛盾是受阅读教学目的任务规定和影响的，所以它不是课堂教学的主要矛盾。

第二，一个过程的主要矛盾总是自始至终地贯穿全过程，只要这一矛盾不解决，这个过程也就不会终结。课堂教学中，如果教师完全能胜任教学工作，与教学任务之间没有矛盾，而且教师与学生之间也充分协调同步，没有矛盾，那时教学过程是否还会存在？如果存在，证明上述矛盾不是主要矛盾；假若不复存在，说明它确实是主要矛盾。很显然，教师的教学能力与教学任务之间的矛盾，教师的教与学生的学之间的矛盾都不是课堂教学的主要矛盾。那么课堂教学的主要矛盾是什么呢？应该是教学目的任务与学生现实发展水平之间的矛盾。道理很简单，因为学生的现实水平与教学目的任务如果本来就同一，就断无进行教学的必要。换一个角度说，学生的现实水平达到了教学目的任务的要求，这一教学过程也就此终结。由此我们不难理解，阅读教学的主要矛盾是学生现有的认知水平，包括阅读动机和愿望、知识经验和阅读技能等，与理解课文所需要的知识经验，包括对阅读任务情境的理解，展开认知所需的知识和生活经验，以及阅读活动中所需要的技能水平之间的差异。阅读教学中的其他矛盾的解决要服从并服务于这一主要矛盾的解决。这就告诉我们，在教师、学生、文本作者和教材编者所构成的课堂教学中，"学"是阅读教学活动的目的，而教师、文本作者和教材编者都只是提供服务。建立语文课堂学习共同体，就是共同帮助学生集中力量抓解决主要矛盾的措施，并加速这一矛盾的转化，有力促进学生学习能力的发展。

第四节　基于学习共同体理念的"焦点阅读"

　　阅读是思想的遨游，也是文化的享受。然而无论是课内还是课外的阅读，我们学生的阅读现状与之相距甚远，阅读质量不容乐观。基于语文课堂学习共同体的理念，我在阅读教学中提出了"焦点阅读"的教学模式并进行实验，强调四个主体的相互作用和主体性的协同发挥，从思维的角度切入，突出聚焦思维，引导学生学会阅读。根据目前的实验，我对它的定位是："焦点阅读"是一种基于语文课堂学习共同体理念的问题化学习模式。它主要帮助九年义务教育阶段的学生，立足语文统编教材，着眼文本的基本理解，根据学生的认知规律和教材特点，通过语言训练与思维训练相结合，聚焦教学基本问题，厘清问题层次，构建具有内在联系的问题链等关键环节，提供阅读分析框架或学习支架，引导学生学会阅读，发展认知能力。

　　传统的阅读教学是以讲读为核心，以传授知识为主要目的，因此历来主张在上课时教师要讲深讲透，把课堂教学处理成老师讲、学生听的过程。而且教师只讲知识，不讲方法，只讲现成结论，不讲形成过程。这是一种"无思考"的教学。同时，教师为了讲，注意力也必然集中于教材多，而关注学生少，这又是一种"看不见学生"的教学。这种教学使学生认知能力的发展成为知识传授的"附属物"和"副产品"，学生的思维只能跟在知识传授的后面，自然而然地缓慢地发展。

21 世纪以来的语文课改，强调知识与能力、过程与方法、情感态度与价值观的三维目标，有力地促进了阅读教学的改革。但由于许多教师对三维目标缺乏整体理解，导致在教学实践中对有机统一的整体目标进行机械分解和简单切割，于是就出现了一个奇怪的现象：翻开教师的教案，每篇课文的教学目标，都是根据"三维目标"清一色演绎成知识目标、能力目标、过程目标、方法目标、情感目标、态度目标、价值观目标等，少则四五条，多则八九条。然而多目标等于无目标，这样的设计，使课堂教学像老和尚的百衲衣，零碎拼接，缺乏整体感。直到现在，这种现象在中小学语文教学第一线仍然相当普遍。

不仅如此，教师的"满堂问"又成了当下阅读教学继"满堂灌"之后又一个不容忽视的普遍性问题。"满堂问"的典型特征，具体表现大致有三种：一是问题多。一堂阅读课，动辄六七十个问题，多则一百多个问题，使学生晕头转向，形形色色的问题让学生仿佛陷入问题的汪洋大海之中，辨不清方向，不能开展有效的思维活动。二是问题碎，即问题琐碎、"碎片化"，既不能分门别类，又不能切分层次，好似一盘散沙，缺乏系统整合，学生的认识无法深化。三是问题杂，大大小小的问题混杂在一起，恰如一团乱麻，剪不断，理还乱；教师提问又缺乏条理，前后失序，杂乱无章，学生的思维无法形成环环相扣、具有内在联系的逻辑链条。这种教学方式所呈现的教学主体之间是典型的彼此冲突的结构，其结果是"三个和尚没水喝"，教学效率低下。

上述问题的症结可一言以蔽之：思维缺乏聚焦。我随机进行的课堂观察也证明了这一点，即便是一些执教多年的老教师也不能幸免。现试举数例。

一次观摩《坐井观天》的教学，我惊讶地发现，教师刚让学生朗读完课文就迫不及待地发问：小鸟与青蛙谁聪明？接着就在课堂上十分卖力地带领学生大批青蛙多么愚蠢。一堂课从头至尾，他都不去抓小鸟和青蛙的生活环境——"天上"和"井里"，不引导学生去发现、辨析小鸟和青蛙对天的认识与它们生活环境之间的联系。问其理由，居然是"天"与"井"这两个字太容易了，学生人人能识会写。

《守株待兔》的故事寓含了偶然与必然的联系——课文中"兔不可复得"，表明兔子撞死是偶然的，而农夫每天都能捡到兔子的想法则是代表一种必然，所以他守株待兔的结果注定是庄稼荒芜。但教学时许多老师只注意带领学生批农夫懒惰、不劳而获，而始终不去引导学生认真筛选、有效提取表明兔子撞死原因的文本信息。

文言文《活见鬼》中原因和结果的逻辑关系也是很明确的，而且原因既有主观因素又有客观因素。但有些教师教学时却不去引导学生研读课文，弄清楚"活见鬼"现象产生的真实背景及发生、发展过程，并从文本中有效提取信息、分析原因、反思结果，而是脱离文本对学生进行一番"科普"：在那个迷信鬼神的年代，人们怀疑有鬼是很正常的。这个故事，启发人们干什么事都不要疑神疑鬼，世上是没有鬼的，要相信科学，反对迷信，否则会闹出笑话！试想，如果是大白天，光天化日之下，"活见鬼"的现象能发生吗？显然，除了人的"疑神疑鬼"这一主观原因外，"活见鬼"现象的发生还有一定的客观原因，课文开头的第一句话就明确交代了这一客观条件——"有赴饮夜归者，值大雨，持盖自蔽"。而喝酒容易产生幻觉在现代医学上也是得到证明了的，更遑论这个人在下着大雨的漆黑夜晚，打伞遮蔽下的环境该有多黑暗了。

《曹冲称象》是辩证思维的典型课例，但我们的许多老师教学时往往夸赞曹冲聪明有余，而对这种聪明从何而来却视而不见，避而不谈。事实上，曹冲的聪明正是建立在他能从别人错误的方案中筛选、吸收了有益的成分，并加以合理地组合，从而巧妙地解决了称象的难题。而我们的教师不去引导学生从文本中抓住别人方案中的关键信息进行分析、推论、整合，学生也就无法真正理解曹冲解决问题的正确方案是如何形成的。

再如，教《司马光砸缸》，许多教师都大夸特夸司马光机智勇敢，而对他如何砸缸的行为——"使劲砸"却缺乏必要的追问，学生也就无法分享思考的乐趣。司马光为什么要"使劲砸"？一是势单。别的孩子吓蒙了，哭的哭，找大人的找大人，只有他一个人砸。二是力薄。一个小孩，个子还不及大水缸高，不使劲砸怎能砸得破缸？三是时间紧迫。如果不能迅速砸破缸，及时放掉里面的水，砸缸的点子再好，落水的孩子还是会被淹死。所以，假若教师不引导学生对文本的这一关键信息进行必要的分析思考，认真品味，那司马光的精神何以彰显？所谓机智勇敢云云都不过是廉价的说教罢了。

《我应该感到自豪才对》是"苏教版"语文教材中的一篇课文，小骆驼能完成从"挺委屈"到"我应该感到自豪才对"的心理转变，完全是由它的生活逻辑决定的。在松散的沙子中，是又大又厚的脚掌才保证了骆驼的脚不致下陷；面对沙漠中铺天盖地的风沙，是双层睫毛有效地保护了骆驼的眼睛；而被小马讥为"肉疙瘩"的驼峰由于贮存着丰富的养料和水分，才保证了骆驼能安全地穿越无边无际的沙漠。然而一位教师执教时，虽然把课上得很热闹，又是让学生表演小马、小骆驼，又是让学生逐一谈学习体会，但她对课文的解读竟然用自己的注脚来代替骆驼的生活逻辑，让人大跌眼镜：这个童话告诉我们，判断美丑，不能光看外表，还要看其实质；我们不仅要有外在美，更要有内在美、心灵美。可是读者找遍全文的所有角落，也没有发现与内在美、心灵美有关的任何内容。

如此等等，不一而足。从现象看，这是教师缺乏对文本正确的解读能力；但从结果看，这是不尊重文本作者主体性的一种典型表现。这样的教学，学生的思维受到怎样的影响是可想而知的。

任何学科的教学都需要培养学生的思维能力，但思维发展对于语文学科的意义在于语言是思维的工具，又是思想的直接现实。通过语文教学仅从文本中获得作者的思想观点或感情是远远不够的，学生要在自己大脑里结出属于自己的思维硕果，这才是思考的养料。

大家知道，拍照片要聚焦，如果不聚焦，照片一定会模糊；而且焦点错了，主体与背景也会发生错位。阅读也是这样。疑是学之始、思之端，发展思维离不开问题，但关键在于聚焦。其实，以往的阅读教学之弊，并不在于缺乏提问这一形式，而在于教师对问题缺乏精心设计、合理组织和科学安排。"焦点阅读"要克服的正是阅读教学中问题不聚焦或焦点错位的弊端。

《关于深化教育体制机制改革的意见》指出："要注重培养支撑终身发展、适应时代要求的关键能力。在培养学生基础知识和基本技能的过程中，强化学生关键能力培养。培养认知能力，引导学生具备独立思考、逻辑推理、信息加工、学会学习、语言表达和文字写作的素养，养成终身学习的意识和能力。"这就为我们指明了方向，培养学生的认知能力，思维能力是关键。"焦点阅读"与"满堂问"虽然都有提问，但问题却有本质的区别。"焦点阅读"中的问题设计具有以下特点：

第一，问题以促进学生发展，尤其是思维发展为目的。语文教育的对象是学生，学生是语文学习的主体，所以语文课程与教学不能为课程而课程，为教学而教学，而应是基于学生、为了学生和发展学生。毫无疑问，它必须围绕学生进行，要以促进学生的发展为本。语文教学注重通过言语作品学习语言，而语言是思维的工具，又是思想的直接现实。因此，阅读教学仅从文本中获得作者的思想观点或感情是远远不够的，读者要在自己大脑里结出属于自己的思维硕果，这才是思考的养料。

第二，问题重在"导"。这里实际上包含了两层意涵：其一，坚持问题具有的导向作用。就是强调问题要经过提炼，让作为认知工具的问题真正能对学生的阅读发挥导向作用。其二，发挥教师在阅读教学中的指导作用。就是强调教师在教学过程中重在引导学生发现问题、提出问题、分析问题和解决问题。从本质上讲，语文课上教师应该教什么，学生应该学什么，答案十分简明：凭借言语作品学习语言。因此，就思维能力的培养而言，教师的重要责任就是引导学生深入文本，引导他们发现问题、研究问题、解决问题，而不是没完没了一味地问问题。

第三，问题设计注重导向过程的整体性。以往的课堂提问虽然也有对问题进行多角度的研究，但其主要缺陷是注重局部的、散点式的，甚至是个别性的问题，而忽略了"问题"之间的联系与建构，缺乏从全过程，从整体上、结构上加以把握。"焦点阅读"中的问题设计则注重从整体上把握导向过程，包括引导学生重视从发现问题、提炼问题、研究问题到解决问题的完整流程。问题是事物矛盾的表现形式，所谓发现问题，就是发现矛盾。它既是解决问题的开端，也是解决问题的动力。教师只有激励发现问题，才能推动学生为解决问题而开展积极的思维活动。所谓提炼问题就是筛选问题，即抓住问题的核心与关键，找出主要矛盾。所谓研究问题就是分析问题，即言之成理、持之有故，对存在的矛盾问题作出理性的分析、判断和评价，力戒标签化、空泛化及缺乏事实依据的所谓"个性化"。所谓解决问题，即对解决或转化矛盾提出合理的思路。教师只有从整体上把握问题导向全过程，问题解决才能真正收到实效。

第四，"焦点阅读"中的问题是基于文本和学生认知的真问题。有如前述，以前我们的课堂提问之所以常常会出现伪问题、假问题、空问题，"失真"是其主因。因此，问题设计是否求真、求实，这是"焦点阅读"与"满堂问"的基本分野。文本是学生认识的客体，王富仁老师曾指出，从多数情况而言，语文教材中的课文，作者都不是为了我们今天教师的"教"和学生的"学"而创作的。"经过时间考验的经典性的课文几乎都有不同于我们现在的语境，不同于我们现在的教师和学生的读者对象。"正因为这样，无论是教语文，还是学语文，我们都必须尊重文本作者的创作主体性，这就需要走进课文的深处。也只有进入所读文本的内部，梳理清楚作者构造的文本世界后，我们才有可能提出问题，与作者进行对话，而脱离文本的问题都不是真问题。

"焦点阅读"首先要聚焦基本问题。这一点，我们可以着重从以下几个角度加以把握。

其一，基本问题是为教学定向的问题。对整篇课文的教学而言，基本问题具有方向性或者说引导性，能为学生思维的展开指明方向。它不仅是阅读教学的出发点，也是最终归宿。基本问题若导向失准，那差之毫厘，谬之千里，整堂课势必一团糟。基本问题既然是为教学定向的，那么从文本解读的视角看，若把文本比作一棵树，那基本问题就属于解读树根部分的问题。只有聚焦基本问题，从基本问题出发，才能正确演绎、推导出树干、树枝、树叶等一系列不同层次的问题，并通过寻求对这些问题的解决，最终达成对基本问题的突破。例如，教《社戏》，教师可抓住文本开头部分中"但在我是乐土"启发学生，设置基本问题：平桥村是个临近海边的偏僻小村，但在迅哥儿看来，为什么却是乐土？并以"乐在何处"引发学生一步步思考，就能收到实效。因为这一问题与文末"真的，一直到现在，我实在再没有吃到那夜似的好豆，——也不再看到那夜似的好戏了"紧密关联，是打开认识这两大难题的一把钥匙。需要说明的是，基本问题未必是教师上课提问的第一个问题，但它必须是整篇课文教学思考的基点。

其二，基本问题是文本表达的主要内容与学生认知主要障碍的"交集"。聚焦基本问题，就是教师要引导学生聚焦课文教学的基本矛盾。阅读教学中存在许多矛盾，如果说阅读教学过程是教师、学生、文本作者和教材编者对话的过程，那么就一定会存在着这四个主体之间的矛盾。但学生是阅读的主体，阅读的基本矛盾是学生现有的认知水平，包括阅读动机和愿望、知识经验和阅读技能等，与理解课文所需的知识经验，包括对阅读任务情境的理解，展开认知所需的知识和生活经验，以及阅读活动中所需要的技能水平之间的差异。这也就构成了阅读教学的基本矛盾，教学中的其他矛盾的解决要服从并服务于这一基本矛盾的解决。换句话说，基本问题就是文本所要表达的主要内容与学生认知存在的主要障碍的"交集"。它来自文本，来自学生，来自这两者"碰撞"所产生的真问题。例如教学《祝福》，根据"教参"提示，许多教师都直奔主题，要求学生深刻认识封建礼教如何吃人的本质。其实，"封建礼教吃人"是成熟的读者研读文本后抽象、概括出来的主题，在学生未读（或尚未深入）文本之前，他们是不可能在祥林嫂的故事与封建礼教之间马上建立起联系，也不可能产生封建礼教是如何吃人这样的问题。如果把它作为教学的基本问题，显然并不合适。有的教师则基于学情，启发学生：小说叙述的是一个关于祥林嫂的故事，主人公最后的结局是在鲁镇人们的祝福声中陈尸雪地。那么，祥林嫂是怎么死的？她的真正死因又是什么呢？"祥林嫂是怎么死的？"这一问题看似简单，实际上却是学生探究作品主旨所遇到的真问题。作为整篇课文教学的基本问题，这个问题非常鲜明、直接、具体，不仅使学生明确了阅读时要"做什么"——立足于祥林嫂的命运变化来梳理祥林嫂一生的生活轨迹，而且通过考察在祥林嫂每次命运变故时鲁镇人们的态度变化中，探寻社会原因，这就为探究祥林嫂之死的根本原因奠定了坚实的基础。

其三，基本问题是相对于基本理解而言的。一篇课文教什么？教到什么程度？各学段的要求是不同的，所以基本问题只能相对于不同学段学生阅读的基本理解而言，即是说问题的设置是针对学生的基本理解，要与学生整体的认知水平相适应。中学语文教材中的选文，不少是经典作品。人们对经典的理解，有时无法提供标准答案，也不可能"毕其功于一役"，而往往需要经历一个长期的过程。比如苏轼《题西林壁》："横看成岭侧成峰，远近高低各不同。不识庐山真面目，只缘身在此山中。"通常人们认为此诗反映"当局者迷，旁观者清"的哲理。但也有学者指出，"这种见解与苏诗之本义相去甚远"。他认为，苏轼是学养深厚的禅学大师，解悟苏轼这首禅诗就得穷根究底地问："何为庐山真面目，谁能不在此山中？"苏轼诗中"庐山真面目"是"无"，而这种"无"，禅宗称之为"空"。空，是禅学中至高无上的绝对理念。它的真实含义是："空无所有而无所不有。""横看成岭侧成峰，仰观是岳俯成丘"，而峰岭丘岳皆是相对之象，绝非"庐山真面目"或绝对实体本身。绝对实体本身永无穷尽，不可绝知。这便是苏诗呈现出来的禅理。因此，如何通过"不识庐山真面目，只缘身在此山中"理解苏轼的禅意，作为学术研究，这是值得探究的命题，但若用之于中学语文教学，就不能将其确定为基本问题。

由此可见，作为教学定向的基本问题具有统领性，它能够对学生阅读文本过程中的其他问题起统帅作用。基本问题是纲，其他问题是目，只有抓住了基本问题，才能做到纲举目张。作为文本表达的主要内容与学生认知主要障碍的"交集"，基本问题具有客观性。它不是脱离文本的伪问题，游离于学生认知之外的假问题，以及不着边际的空问题，而是深接文本与学生"地气"的真问题。作为相对于学生基本理解而言的基本问题，具有价值性。基本问题的提出和最终获得解决是认知价值的集中体现，是学生学会阅读，学会学习中最必要、最关键的着力点。

"焦点阅读"要求每一篇课文的教学，教师所提的问题不应是随意、零散的，缺乏条理的，而应是严谨的，有组织、有结构的，这需要在正确解读文本的基础上，进行精心设计。它不仅需要解决应该用什么样的问题做基本导向，基本问题需要发挥什么样的导向作用，而且还要解决各种问题之间应该具有什么样的联系等问题。因此当基本问题确定以后，教师在帮助学生聚焦基本问题之后，如何引导学生理清课文教学中的问题层次和构建具有内在联系的问题链便是关键。学生只有通过对以基本问题为核心形成的多层次问题结构的逐层解析，以及对环环相扣、有一定逻辑联系的问题链的研讨探究，才能达到理解和消化文本的目的，从而形成清晰的阅读思路，提高阅读品质。

理清问题层次，就是对问题分类，即通过对诸多问题的比较、分析和综合等，把问题按不同层次分类。这里有两点值得注意：一是文本是有层次的，教师的提问不能将不同层次的问题混为一谈，而要以文本结构为依据，有层次地组织问题，形成问题结构。如教学胡适的《我的母亲》，作为基本问题——"我的母亲"是怎样的人或"我的母亲"具有什么样的性格特征等，大家觉得容易把握，但难点在于怎样有层次地逐一展开问题。有的教师花了4节课时间教完这一课，然而听课者问学生："胡适的母亲是怎样的一个人？"大多数学生回答是"慈母""严父""严师"。这说明学生对胡母的认识只停留于母子关系这一层次，并不能从整体上加以把握。教师引领学生只有抓住以下三个层次，即从母子关系看，"我的母亲"具有亲子之爱；从家庭关系看，"我的母亲"具有和贵之忍；从家族关系看，"我的母亲"具有名节之刚。这样学生才能真实、清晰地领悟到"我的母亲"的性格，而不是笼统的慈母、严师之类的结论。二是即使学生的提问不具备条理性，教师也要善于引导学生将问题合理归类，切忌眉毛胡子一起抓，讲到哪里算哪里。如《愚公移山》教学，学生自学后可能会提出许多各种各样的问题，特别是怎样看待和认识愚公精神是难点。其实，从移山主体看，文本的两个层次很清楚：一是写了人，即愚公带领的众人以及智叟等；二是写了神。理清和把握了这两个不同层面，学生的认知才能由浅入深。

构建问题链，就是教师要引导学生把每个层次的问题，按照一定的顺序，构成具有一定内在联系的问题链。这样的问题链其实就是逻辑链，问题与问题之间要有逻辑性。还是用树来比喻，如果说理清问题层次就是分清树干、树枝、树叶的问题，那么构建问题链就是要解决这每一层次内部生发出来的问题如何加以排列。这些问题虽然数量众多，而且一般也较杂，但教师如何设问、提问，或如何集中学生的问题，大致上要先后有序，使一个个问题之间具有紧密的联系。仍以《祝福》为例，针对"祥林嫂是怎么死的"这一基本问题，教师可引导学生分以下三个层次探究：第一通过厘清小说的情节，看祥林嫂的命运变化。第二看鲁四是怎样一个人？他对祥林嫂的迫害表现在哪些地方？第三，再看祥林嫂何罪之有？她背负了什么样的罪名？综合许多优秀教师在这三个层次中的问题排列，大致情况如下：

在第一个层次，问题的先后顺序：

1. 作品情节的开端是什么？当时祥林嫂的命运如何？

2. 接下去的情节发展分几个层次？祥林嫂的命运有什么变化？

3. 什么地方是小说的高潮？此时的祥林嫂有什么表现？

4. 小说的结局是怎样的？它留给人们的思考是什么？

作为祥林嫂主要对立面的鲁四，他在文本中是以封建礼教的忠实卫道士的身份出现的。鲁四对祥林嫂的迫害主要是精神折磨，具体体现在他对祥林嫂命运的每一次变故面前所表示的鲜明态度。所以在第二个层次，问题的排列是教师先让学生一一找出祥林嫂"故事"的"关节点"："当祥林嫂第一次到鲁家帮佣时"；"当祥林嫂夫家堂伯来的消息传出后"；"当祥林嫂婆婆来时，鲁四明知祥林嫂不愿回婆家"；"当听到祥林嫂在淘米时被人捆走时"；"当祥林嫂第二次来到鲁家时"；"当鲁四在鲁镇人们的祝福声中得知祥林嫂的死讯后"。然后，依据这些"关节点"一一对应看鲁四的态度是怎样的。

在第三个层次，祥林嫂因为是寡妇再嫁，再嫁再寡，落得"不干不净""败坏风俗"的"罪名"。所以祥林嫂捐门槛赎"罪"，主要不是宗教意义上的，而是道德和礼教意义上的。而且这种判决是无形的，也是她自己无法摆脱的。这一认识过程，教师是引导学生通过解决以下一系列小问题来加以理解的。

1. 祥林嫂第一次婚姻，嫁了一个"比她小十岁"的丈夫，这会不会出于她的自愿？

2. 在封建婚姻制度下，妇女有没有自主权？

3. 祥林嫂守寡后为逃避被婆家出卖的命运，私下出逃，外出帮佣，这种举动能为当时的社会所容忍吗？

4. 祥林嫂明明有自家的房子，但贺老六病死，又失去了儿子后，大伯为什么能来收屋？

5. 在对待祥林嫂再嫁再寡的问题上，普通的鲁镇人们与鲁四的态度有没有本质的区别？

这些不同层次内部的问题链清晰地显示了问题之间的内在联系，学生对祥林嫂死因的探究思路沿着这三个不同方向层层推进，最终得出祥林嫂是被封建礼教迫害致死的结论。鲁四之流的可恶，柳妈们的愚昧，祥林嫂的可怜，在封建礼教的罗网下，他们或是罪人，或是帮凶，或是牺牲品。他们各自深陷在不同而又相同的无知和可悲的境地。

我们再完整地看看运用"焦点阅读"法教学《愚公移山》的思路。一般人教这篇课文，都聚焦在什么是愚公精神，我们要学习愚公什么样的精神或愚公精神伟大等方面。阅读这篇文章，当然需要理解愚公精神，但从学生的认知特点看，这样的问题，一是抽象：愚公精神是抽象出来的，学生不可能从文本信息中直接筛选与提取。二是偏大。问题不具体，容易空洞而且有大而无当之嫌。学生好像老虎吃天，无从下口，对思考发挥不了实际的导向作用，他们不能通过阅读故事就直接建立起与愚公精神之间的联系。那么应该确立什么样的基本问题呢？文章题目叫"愚公移山"。从内容看，愚公"年且九十"，可见是老愚公。他要移的山是什么山？是"方七百里，高万仞"的太行、王屋二山。从结果看，愚公要移的山移掉了没有？移走了："冀之南，汉之阴，无陇断焉。"这样，一个问号就会很自然地出现在读者面前：奇怪，一个"年且九十"的老愚公何以能移掉"方七百里，高万仞"的太行、王屋二山呢？这就是学生需要确立的一个原始的基本问题（问题可简化）。

这一基本问题一经确定，于是必然会引出以下一系列教学问题：愚公为什么要移山？跟愚公一起移山的有哪些人？他们又是怎样移山的？在移山过程中他们碰到了哪些困难？那么，怎样厘清问题层次呢？许多教师都问故事写了哪些人，然后以人逐一展开教学层次，课上得很琐碎。实际上是两大层次。从移山主体看，文本一是写了人，即愚公带领的众人以及智叟等。二是写了神，指操蛇之神、天帝、夸娥氏二子等。两个层次分清了，我们再在每个层次中构建具有内在联系的问题链就容易了。

在写人这个层次，问题的排列顺序大致这样：愚公移山的背景是什么？也就是说，愚公他们为什么要移山？解决"惩山北之塞，出入之迂"。大家对愚公移山的态度是什么？三种：支持的（杂然相许），怀疑的（愚公妻），反对的（智叟）。愚公移山的过程中，主要碰到哪些困难呢？一是愚公妻的质疑："焉置土石？"这一问题是如何解决的呢？"投诸渤海之尾，隐土之北。"二是智叟的嘲笑："甚矣，汝之不惠！以残年余力，曾不能毁山之一毛，其如土石何？"这一困难又是怎样克服的呢？愚公进行批驳："汝心之固，固不可彻，曾不若孀妻弱子。虽我之死，有子存焉；子又生孙，孙又生子；子又有子，子又有孙；子子孙孙无穷匮也，而山不加增，何苦而不平？"认识问题解决了，大家怎样行动的呢？"遂率子孙荷担者三夫，叩石垦壤，箕畚运于渤海之尾。邻人京城氏之孀妻有遗男，始龀，跳往助之。寒暑易节，始一反焉。"

明明是愚公要移山，为什么天神要来帮助呢？文本中有几句话交代，愚公挖山不止，操蛇之神"惧其不已"，"帝感其诚"。你看，一个"惧"字，一个"感"字，可见愚公移山的举动惊天地，泣鬼神。因此，帝"命夸娥氏二子负二山，一厝朔东，一厝雍南"。

那么，读了这个故事，愚公身上哪些东西值得我们学习呢？或者说，我们应该向愚公学习什么呢？一、目标明确：为彻底解决"惩山北之塞，出入之迂"的困难，他决心与大家"毕力平险"，移走太行、王屋二山。二、信心坚定："何苦而不平？"三、行动锲而不舍：团结众人，克服困难，排除阻力，挖山不止，感动天帝。在此基础上，启发学生什么是愚公精神，才有落脚点。

总之，立足于学习共同体理念的"焦点阅读"，聚焦课堂教学的基本问题，这是定向，以帮助学生克服原来因问题多而晕头转向的弊端；厘清问题层次，这是分类，着力解决以往因问题碎而呈一盘散沙的局面；构建具有内在联系的问题链，这是定序，重在解决以往因问题乱而形成的杂乱无章的毛病。由此可见，"焦点阅读"能引导学生独立思考、逻辑推理、信息加工，使语文课中的语言发展与思维发展相互促进，切实提高学生的思维能力，发展他们的思维品质，有效培养学生认知能力，有利于他们达成终身学习的意识和能力。

参 考 文 献

[1] 艾津 . 小学语文反思性教学 [M]. 北京 / 西安：世界图书出版公司，2010.

[2] 蔡伟，李莉 . 现代语文教学方法案例分析 [M]. 银川：宁夏人民教育出版社，2021.

[3] 曹明海 . 本体与阐释：语文课程的文化建构观 [M]. 济南：山东教育出版社，2011.

[4] 戴晓娥等 . 深度探究：语文课程教学践行与反思 [M]. 长春：东北师范大学出版社，2011.

[5] 贾龙弟 . 语文教学本体论 [M]. 杭州：浙江大学出版社，2017.

[6] 李媛 . 语文教学与思维创新 [M]. 天津科学技术出版社，2019.

[7] 李作芳 . 有效语文教学实践与反思 [M]. 武汉：湖北科学技术出版社，2009.

[8] 孟宪军 . 语文阅读教学本体建构 [M]. 济南：山东教育出版社，2018.

[9] 倪文锦 . 语文教学反思论 [M]. 济南：山东教育出版社，2021.

[10] 桑志军 . 反思型语文教学：反思性教学理论的实践性探索 [M]. 南昌：江西科学技术出版社，2011.

[11] 孙善丽 . 语文教学方法创新与文学艺术思维培养 [M]. 长春：吉林人民出版社，2020.

[12] 王家伦.语文教学的"平民"建构 [M].南京：东南大学出版社，2017.

[13] 魏建培.话语与教师专业建构 [M].天津：天津科学技术出版社，2019.

[14] 魏书生.语文教学 [M].沈阳：沈阳出版社，2000.

[15] 肖培东.语文教学艺术镜头 [M].上海：上海教育出版社，2019.

[16] 徐礼诚.传统文化与语文教学 [M].长春：吉林人民出版社，2020.

[17] 杨秋玲.语文阅读教学反思 [M].成都：电子科技大学出版社，2017.

[18] 张二艳.语文教学与教学心理 [M].成都：电子科技大学出版社，2017.

[19] 赵红燕.语文不器：拓展的语文教学 [M].北京：华文出版社，2021.

[20] 赵慧.聊着天儿教语文：语文建构式对话教学理论及实践 [M].北京：教育科学出版社，2021.

[21] 郑桂华.语文教学的反思与建构 [M].北京：商务印书馆，2012.

[22] 钟翠婷.高中语文"整本书阅读"教学研究 [M].长春：吉林人民出版社，2019.

[23] 周仁康.语文教学反思新论 [M].北京：国家行政学院出版社，2013.

[24] 周一贯，俞慧琴.语文智慧教育的教学智慧 [M].宁波：宁波出版社，2015.

[25] 朱鸣.语文教学抚罍谈 [M].成都：电子科技大学出版社，2019.